新时代新闻传播学系列教程
李麟学 主编

中国城市国际社交媒体传播：理论、路径与实证

International Social Media Communication of Chinese Cities: Theory, Path and Empirical Research

徐 翔 著

同济大学出版社
TONGJI UNIVERSITY PRESS
·上海·

内 容 提 要

本书通过社交媒体数据挖掘，揭示城市传播中的内容趋同现象及其对城市形象塑造的影响；聚焦“领袖城市”现象并提出相关概念，分析城市间的内容传播网络结构。本书能为提升中国城市国际传播效能提供理论依据和实践参考。

图书在版编目（CIP）数据

中国城市国际社交媒体传播：理论、路径与实证 / 徐翔著. -- 上海：同济大学出版社, 2025. 3. --（新时代新闻传播学系列教程 / 李麟学主编）. -- ISBN 978-7-5765-1378-3

I. G219.2

中国国家版本馆CIP数据核字第2024TQ5757号

中国城市国际社交媒体传播：理论、路径与实证

International Social Media Communication of Chinese Cities: Theory, Path and Empirical Research

徐 翔 著

出品人 金英伟 **丛书策划** 丁国生 **责任编辑** 丁国生 **责任校对** 徐春莲 **封面设计** 陈益平

出版发行 同济大学出版社 www.tongjipress.com.cn

（地址：上海市四平路1239号 邮编：200092 电话：021-65985622）

经　销 全国各地新华书店、网络书店

印　刷 常熟市华顺印刷有限公司

开　本 787mm×1092mm 1/16

印　张 9

字　数 163 000

版　次 2025年3月第1版

印　次 2025年3月第1次印刷

书　号 ISBN 978-7-5765-1378-3

定　价 68.00 元

“新时代新闻传播学系列教程”书系编委会

同济大学艺术与传媒学院
“新时代新闻传播学系列教程”书系
序言

秉承“守正惟新”理念，同济大学艺术与传媒学院始终坚持对新闻传播学领域的不懈追求和探索。在“万物皆媒”的时代，随着全球新闻传播的创新浪潮不断涌动，学院依托同济大学的深厚底蕴和丰富学科资源，以马克思主义新闻观为指导，以全媒体为特色，提出“跨媒介新型传播”定位，聚焦“媒介文化、智能传播、城乡传播、视听传播”四大前沿方向，实现了媒介技术、传播理论、数字艺术的深度融合与创新，形成了独具特色的“跨学科、实践型、国际化”学科体系。我们的努力不断取得突破，与中共上海市委宣传部展开“部校共建暨院媒合作”项目，获得“上海市卓越新闻传播人才培养教育基地”、文化和旅游部中国文化艺术政府奖“最佳动漫教育机构”，以及四门国家一流课程及系列国家级科研项目等荣誉，在第五轮学科评估中获得跨越发展。

在此背景下，学院于2023年开始规划并着手出版“新时代新闻传播学系列教程”丛书系。这套教程不仅是我们学科融合努力的结晶，更体现了我们对新闻传播学科时代变革和人工智能技术融合创新的紧密关注。希望通过这套丛书，为新闻传播学专业的教师、学生和从业者提供一个系统的创新知识体系和实践指导，推动新闻传播学学科发展，培养更多具有创新精神和实践能力的专业人才，为我国新闻传播事业的新时代发展贡献力量。丛书涵盖了新闻传播学的多个领域，包括新闻学和传播学的理论探讨、新闻传播实务、跨媒介跨学科拓展等，旨在为变革中的新闻传播学教育提供前沿的、系统的、多维的教材支持。

丛书的组织和出版得到了中共上海市委宣传部和同济大学“部校共建暨院媒合作项目”的大力支持，得到同济大学出版社的高度重视和积极推动，在此表示衷心的感谢，对书系编委会各位专家的支持和努力，以及各位作者们的辛勤工作表示深深的敬意。

相信通过我们的共同努力，同济大学艺术与传媒学院将继续在新闻传播学领域绽放光彩，为中国学界和业界带来更多自主知识体系的建构和影响。

同济大学艺术与传媒学院院长　李麟学

2024年10月15日

前言

随着社交媒体的迅猛发展，国际传播格局发生了翻天覆地的变化。中国城市如何在这一平台上有效展示自身形象、提升国际影响力，是新闻传播学领域的重要课题。基于此背景，本书通过系统的研究与分析，旨在为新闻传播学专业的学生、教师以及从业者提供分析的理论框架与实践指导，以便更好地理解和应对这一挑战。

本书系统阐述中国城市在国际社交媒体传播中的“内容趋同”现象及其背后的“热趋同”机制，揭示城市传播内容在热度影响下的趋同趋势及其对城市形象塑造的影响；运用自然语言处理技术和机器学习算法，对社交媒体上的文本数据进行深入分析；从城市网络的角度出发，提出“领袖城市”的概念，分析城市间的内容传播网络结构，揭示了城市间在国际社交媒体传播中的相互影响和协同作用；通过对 30 个中国城市的实证研究，提供丰富的案例分析和数据支持，为提升中国城市国际传播效能提供了具体的实践指导和优化策略。

本书不仅为新闻传播学领域的教学提供资料，也为相关研究者和从业者提供有实用性的参考。希望本书能够帮助读者更好地理解中国城市在国际社交媒体传播中的现状与挑战，为提升中国城市国际传播能力贡献一份力量。

徐翔

2024 年 11 月

目 录

4 序言 / 李麟学

5 前言 / 徐 翔

001 第一章 绪论

001 第一节 研究背景

002 第二节 研究概念界定

005 第三节 理论背景与文献综述

016 第四节 研究对象

018 第五节 研究内容与结构

018 第六节 研究设计与研究方法

020 第二章 中国城市在国际社交媒体传播中的内容构成与效果特征

020 第一节 研究设计与抽样方法

024 第二节 内容聚类与分类结果

034 第三节 帖文内容类别与传播效果特征分析

037 第三章 中国城市在国际社交媒体传播中的传者构成与热帖发布者特征

037 第一节 传者发帖数量与活跃度分析

039 第二节 传者粉丝数与影响力分析

040 第三节 传者国家分布特征

041 第四节 热帖用户特征分析

043 第五节 小结

045 第四章 中国城市在国际社交媒体传播中的内容趋同现象及其特征

045 第一节 中国城市在传播中的内容“热趋同”现象

053 第二节 中国城市在传播中的内容“热趋同”特征

058 第三节 小结

059 第五章 中国城市在国际社交媒体传播中的内容倾向与传播效果困境

059 第一节 城市总体规划与城市定位

059 第二节 城市规划视角下的城市形象

060 第三节 城市定位与社交媒体传播效果现状存在的差距

073 第四节 小结

074 第六章 中国城市在国际社交媒体传播中的热门内容趋势与方向

074 第一节 文献回顾

077 第二节 问题分析与研究假设

078 第三节 研究设计

080 第四节 研究结果

083 第七章 中国城市在国际社交媒体传播中的内容演化结构

083 第一节 引言

085 第二节 理论与文献回顾

087 第三节 “领袖城市”的内涵
092 第四节 问题分析与研究假设
094 第五节 研究设计
096 第六节 研究结果
101 第七节 小结

103 第八章 结语

103 第一节 研究总结
104 第二节 理论思考：城市传播的“流动性”之思
108 第三节 对策与建议

112 参考文献

126 附录

126 附录 A 三十城市内容“热趋同”类别特征
130 附录 B 三十城市帖文类别分布比例

134 后记

第一章 绪论[①]

第一节 研究背景

习近平总书记在党的二十大报告中提出，“推进国际传播能力建设，讲好中国故事，展现真实、立体、全面的中国，提高国家文化软实力”。党的二十大报告对建设社会主义文化强国作出战略部署，明确提出要加强国际传播能力建设，全面提升国际传播效能，形成同我国综合国力和国际地位相匹配的国际话语权。2021 年 5 月 31 日，习近平总书记主持中共中央政治局第三十次集体学习时提出“必须加强顶层设计和研究布局，构建具有鲜明中国特色的战略传播体系”的重要论断，强调各级党委（党组）要把加强国际传播能力建设纳入党委（党组）意识形态工作责任制。这些重要论述表明，国际传播工作不仅是国家全局性的工作，也逐渐成为地方层面需要加强的重要工作。明确地方传播主体在国际传播中的角色定位，提升区域性国际传播能力，推动中央与地方各级的相互配合与协同联动，实现国际传播效能的全面提升，成为国际传播理论探索与实践创新的重要命题（黄典林 等，2021）。挖掘并讲好中国城市故事，向国际社会展现“真实、立体、全面”的中国城市，对于拓宽国际传播路径，推进国际传播能力建设具有重要意义。

当前，以大型互联网平台等为主导的新型数字基础设施正在全面重构国际传播的整体格局，国际传播进入依赖平台运行的平台化时代（李鲤，2021）。一些具有代表性的国际社交媒体平台如 Twitter、Facebook 等，为国际传播秩序建设与国际舆论博弈设定了全新的语境。社交媒体也日益显现出在全球城市传播中的显著效应与战略价值。根据 We Are Social 与 Hootsuite（2022）发布的 *Digital 2020* 显示，2020 年全球社交媒体用户突破 38 亿，占互联网用户的 84%。在此背景下，具有代表性的国际社交媒体平台如 Twitter、Facebook 等，不仅成为信息社会的重要组成部分，也成为国际传播的新战场。构建海外

① 本章为徐翔指导余珺君，共同完成。

社交媒体矩阵，打造“城市 + 网站 +Instagram+Youtube+Twitter+TikTok”的海外全媒体传播格局已经成为城市国际传播的重要手段。正如澳大利亚学者斯科特·麦奎尔（2013）指出，“21 世纪的社会生活日益成为生活在媒体城市中的生活”。如何更好地对接国际社交媒体平台逻辑、提高对平台的把控能力、借助平台“讲好中国故事，展示真实、立体、全面的中国”，对于打造具有中国特色的战略传播体系，实现我国国际传播的转型升级，更好地掌握涉华议题的国际话语权具有建设性意义（史安斌 等，2021）。

第二节　研究概念界定

一、社交媒体

社交媒体（social media）在国内也被称为社会化媒体或社会性媒体。2000 年出现了在线社交网络（online social network）概念；之后出现了 social websites 的概念，按照 Kim（2010）的研究，它主要指允许用户形成社群并生成用户自生成内容（User Generated Contents，UGC）。Boyd 和 Ellison（2008）对 Social Networking Services（SNS）进行了流行的界定。但这种界定遭到了批判并引起争论，认为其过于宽泛，而 Marcus 和 Krishnamurthi 也对 SNS 进行了较为明确的界定。安东尼·梅菲尔德（Antony Mayfield）（2007）将社交媒体定义为一种给予用户极大参与空间的新型在线媒体，它具有以下几个特征：参与、公开、交流、对话、社区化、连通性。“社会化媒体”在概念起源阶段，最受到关注的特征是“互动性”和“用户贡献内容”，而后补充了其基于“关系网络”的重要特征。Kaplan 和 Haenlein（2010）对社交媒体的概念与内涵进行理论辨析，指出社交媒体不同于 web2.0 和 UGC（用户生成内容）之处，在此基础上他们对社交媒体进行了分类，包括协作性项目（collaborative projects）、博客（blogs）、内容社区（content communities）、社会服务网络（social networking sites）、虚拟游戏世界（virtual worlds）和虚拟社会世界（virtual social worlds）。王晓光、郭淑娟（2008）按照社交媒体属性的不同将其归为五类：第一类为创作发表型，主要由博客网站（Blog）和论坛网站（Message Boards）、微博（Micro-blog）组成；第二类为资源共享型，包括照片分享网站（Photo Sharing）、视频分享网站（Video Sharing）、音乐分享网站（OnlineMusic），还有评论网（Review），是内容共享型社会性媒体的典型代表；第三类是协同编辑型，包括维基

（Wikipedia）以及社交型问答网站（Q&A）；第四类是社交服务型，如社交网络（SNS）、Check-in、即时通信（Instant Message）、Mobil Chat 等；第五类是 C2C（Consumer to Consumer）商务型，代表网站是淘宝网（Taobao.com）和团购网站（Deal-of-the-day）。结合社交媒体的特性，可以认为："社交媒体是建立在互联网技术，特别是 web2.0 基础之上的互动社区，它最大的特点是赋予每个人创造并传播内容的能力。它是用来进行社会互动的媒体，是一种通过无处不在的交流工具进行社会交往的方式。"（曹博林，2011）值得注意的是，社交媒体和通信媒体虽然有类似之处，但是仍存在着重要的区别，社交媒体也有主体间的交互，但是重点仍在于其中蕴含的社会性。本书中的社交媒体强调媒体与关系交往性、互动性、资源分享性方面的关系，包含社交网络、微博、视频或图片等资源分享互动网站等通常意义上的网络社交媒体。

二、城市传播

城市传播研究作为城市研究与传播研究的交叉领域，该研究领域一方面强调将城市社会中的传播问题作为城市研究关注的对象，另一方面也将城市确立为传播学重点关注的研究对象。因此，在城市传播研究中，许多的核心观点也和城市研究、传播研究领域的观点和理论重叠，特别是受到城市社会学、城市文化研究的影响最深（郭旭东，2022）。城市社会学主要以芝加哥学派的城市生态学为代表，这一研究领域聚焦于城市之间的区域生态分布，注重研究城市中不同群体彼此之间在"竞争、冲突、适应、同化"的过程中所形成的层次分明的"自然区域"。城市文化研究是 20 世纪 60 年代兴起的文化研究领域的分支。文化研究在研究文化之时，注重于阐释文化表征背后的意义和价值，特别是各种权力关系如何影响文化的塑造。而城市文化研究沿着文化研究的脉络，研究的对象主要是城市社会中的流行文化（包括大众文化、通俗文化、消费文化）等，注重对于城市生活异质性的因素的强调，以及将城市作为一个文化场来帮助普通大众抵抗发达资本主义社会的异化统治（郭旭东，2022）。近年来许多学者对城市传播的理论概念、研究路径等进行了探讨。例如孙玮（2018）采用了概念梳理和阐发的方式，分别对城市传播中的城市、技术、媒介、传播四个关键概念进行了分析；Aiello 等（2016）通过从城市作为"语境（context）""内容（content）""媒介（medium）"三个方面对城市传播研究领域普遍关注的问题进行了总结。

三、国际传播、对外传播与全球传播

国际传播在信息全球化、传播国际化的角度研究跨越国家范围内的传播现象。“在现实的使用中，国际传播这个概念更多地指向经由现代组织化的大众传播媒介所进行的，具有特定政治、经济和文化目的的跨越国际的传播活动。”刘继南等（2002）认为，国际传播是“特定的国家或社会集团通过大众传播媒介面向其他国家或地区受众所进行的跨国传播或全球范围传播，它是世界各国、各地区政治、经济与文化发展综合实力的一个局部具体体现”。程曼丽等认为，国际传播主要指跨越国界的大众传播，“即主要依靠大众传播媒介进行的跨越国界的信息传播”。美国学者 Mowlana（1986）认为，国际传播是跨越两个或以上国家的文化体系的信息交流，而信息交流则指通过个人、团体、政府或科技而转移的信息及数据。国际传播就是研究国与国、文化与文化之间的信息交流。

在超越国家范围以及传播渠道和方式等方面，对外传播与国际传播有着其多层面的一致性。对外传播主要是一国的政治、文化、社会等内容基于大众媒介等渠道所进行和实现的超越国家范围的传播，其传播主体既可以是传媒、政府部门，也可以是社会组织等多元主体的声音。对外传播不同于对外宣传等概念，注重受众的反馈和传播过程中的互动与效果。“随着传播规律的逐渐被认识，一些研究者开始用‘对外传播’的概念取代‘对外宣传’，以表明对外的这种信息交流活动不是单向的，而是双向的。”（程曼丽 等，2011）新阶段的对外传播已不再停留于政府外宣、文化外宣等层面，而是注重传播所应具有的国际化视野和思维背景，注重在国际新环境下的信息的有效交流与传播。有研究者指出，需注重对外传播和国际传播的一致性，“考察一国的对外传播现象，不能脱离国际传播的整体，只有站在国际传播的高度，才能更好地理解对外传播的需要”。（程曼丽 等，2011）

随着当今媒介传播和信息技术的全球化，拉近了“地球村”之中不同国家和地区之间的距离，促进了信息和文化在全球范围内更为自由和迅速、有效的流动，全球传播成为需要强调的重要问题。“全球传播是研究个人、群体、组织、民众、政府以及信息技术机构跨越国界所传递的价值观、态度、意见、信息和数据的各种学问的交叉点。”（Howard，1993）在全球化的语境下，国际传播、媒介空间的全球化趋势和张力都不断增强。国际传播全球化是“正在形成中的一种传媒发展新趋势，系指传媒在全球化浪潮影响和推动下，凭借高新通信技术，试图弥合地域和文化差异，在全球范围内向任何潜在目标受众所进行的超时空、跨国界的资讯传播理念和行为”。（孔祥军，2007）全球传播具有的特征包括“传播主体的多元性、传播内容的多样性、传播手段的融合性、传播受众的主动性和传播态势的不均衡性”。（李智，2010）全球传播强调传播的非国界性和全球化，例如李智指出，全球传播“是无特定主体的跨国传播（而且，有时也无特定传播客体或目标对象），或者说，是多元主体的跨国界信息交流……作为一种特殊的跨国传播形态，全球传播的根本特性在于其非国界性”。（李智，2010）

社交媒体是在全球网络媒介时代出现的一种新的媒介形态和信息传播空间，国际性、全球性的社交媒体中的传播具有不同于传统媒介的内涵。“从历史上看，全球传播网络或者说传播的全球网络化始于书籍、报刊等印刷媒介在全球范围内的传播。而后，随着传播媒介的不断改进，人类社会相继出现了覆盖全球的调频广播网络、卫星电视网络等。再后来，在用互联网数字化连接的全球中，穿越国界的数据流量越来越大，覆盖面越来越广，其增长的速度也越来越快。”（李智，2010）对于国际社交媒体的传播而言，它具有全球化的传播格局，也即不应将视野局限于国家主体，而是在全球范围内的一种信息交互与传播的过程。在主体层面，社交媒体由于社会性、社交性乃至个体性的层面，它的传播主体也超出传统的政府部门、传媒机构或社会组织，而是更为丰富多元的主体的综合场域，跨国企业和公司人员、公益机构、个体都是国际社交媒体中的主要使用者和参与者。使用者的身份和边界方面也具有更多的匿名性和流动性，可能是一个传者在本国或他国面向全球进行的传播行为。在内容层面，国际社交媒体的内容具有隶属于社交媒体特性的“用户生成内容”（UGC）特征，其内容在此意义上与报刊、书籍、影视广播等主要媒体有着重要的差异，这也关系到国际社交媒体中传播内容的要素与特征构成。

第三节　理论背景与文献综述

面对中国城市国际社交媒体传播，国内外学者从城市传播研究、国际传播研究、国际关系研究、国家战略研究、全球城市研究的多维角度，对社交媒体的城市传播问题进行了及时的理论追踪和实践思考。

一、城市传播研究

城市传播研究是20世纪在美国兴起的一个传播学研究分支，作为城市研究与传播研究的交叉领域，该研究领域一方面强调将城市社会中的传播问题作为城市研究关注的对象，另一方面也将城市确立为传播学重点关注的研究对象。因此，在城市传播研究中，许多的核心观点也和城市研究、传播研究领域的观点和理论重叠。特别是受到城市社会学、城市文化研究的影响很深。城市社会学主要以芝加哥学派的城市生态学为代表，这一研究领域聚焦城市之间的区域生态分布，注重研究城市中，不同群体彼此之间在“竞争、冲突、适应、同化”的过程中所形成的层次分明的“自然区域”。城市文化研究是20世纪60年代兴起的文化研究领域的分支。文化研究在研究文化之时，注重阐释文化表征背后的意义和价值，特别是各种权力关系如何影响文化的塑造。而城市文化研究沿着文化研究的脉络，研究的对象主要是城市社会中的流行文化（包括大众文化、通俗文化、消费文化）等，注重对于城市生活异质性的因素的强调，以及将城市作为一个文化场来帮助普通大众抵抗发达资本主义社会的异化统治（郭旭东，2022）。近年来许多学者对城市传播的理论概念、研究路径等进行了探讨。例如：孙玮（2018）采用了概念梳理和阐发的方式，分别对城市传播中的城市、技术、媒介、传播四个关键概念进行了分析；Aiello等（2016）通过从城市作为“语境（context）”“内容（content）”“媒介（medium）”三个方面对城市传播研究领域普遍关注的问题进行了总结；郭旭东（2022）通过对城市传播研究的理论源头、发展历程进行追溯和回顾，把城市传播界定为城市空间中的各类传播实践活动（包括人与人、人与事物以及人与环境），这些传播实践活动具有物质性，以技术控制和抽象规划的城市空间作为中介而发生；胡翼青等（2021）根据不同研究者围绕“城市”与“传播”展开的研究议题与视角，将其分为“城市中的传播”“传播中的城市”和“作为媒介的城市”三种路径分野。在城市传播的研究视域下，不同的研究路径也指向了媒介与城市的不同关系。例如胡翼青等（2021）指出，在城市与传播之间存在着三种“城市传播”思路，其中“城市中的传播”指的是发生在城市这一空间和地点的传播活动，这种观点认为城市空间的基础环境是既定的，而媒介技术手段包含在城市空间之中，二者是相互独立但彼此影响的；“传播中的城市”指的是通过媒介进行描绘和书写的城市，强调媒介通过表征性再现对于城市的强大的建构力量；而“作为媒介的城市”是在媒介物质性视角下审视“城市—传播”，城市本身就是一种紧密交织在人类传播实践中的“容器型媒介”，将城市视为与传播双生共构的媒介。孙玮（2018）从四个方面对城市传播中的媒介含义进行了阐释，也分别指向了媒介和城市的四种关系：一是作为连接、中介、居间的媒介涵义；二是强调媒介对于意义的生产；三是作为专业化机构的大众媒介；四是城市作为一种交流系统本身具有的媒介涵义。

二、城市形象传播研究

城市形象作为城市传播研究的视域之一，其相关概念与理论也能为本文提供参考。凯文·林奇（Lynch，1960）最早提出“城市意象”的概念，认为城市意象中的物质形态主要由道路、边沿、标志、节点和区域五种要素构成。林奇强调人的价值观与城市形态之间的关联性，并将人的“感觉”作为城市形态理论的重要组成部分。对于城市形象的理论研究存在城市形象研究的规划与设计、营销和传播三条路径。从传播的视角研究城市形象，主要围绕传播学中的5W范式，对作为信息总和的城市形象按照传播者、传播内容、传播媒介、传播效果等层面开展研究（杨旭明，2013）。从传播的角度考察媒介与城市形象之间的关系，可以发现媒介在城市形象生成过程中的显著作用。媒体对城市形象的形塑与建构，不是一种“呈现（presentation）”，而是一种意义化的“再现（representation）”，或者说是一种由不同历史力量共同交互作用而构筑的“想象地理”（陈映，2009）。

在国际传播中，跨文化的城市形象总是以家国性与地方性两种文化身份存在（程宝乐，2022），因此对于城市形象的认知也无法脱离对国家的认知。由于国际传播语境中裹挟了复杂的国际政治权力竞争与话语权博弈，以及跨文化背景下的理解与沟通难题，因而国际传播中的形象往往与权力联系在一起，在东方学、跨文化形象学中都包含着作为权力话语的中国形象意涵（董军，2018）。在《东方学》里，萨义德（Said，1999）在开篇即指出：东方并非一种自然的存在。“东方”与“西方”实际上是人为建构出来的，这种建构过程也反映了西方与东方之间存在的一种权力关系，“东方学”实际上就代表了西方处于强势地位所形成的一套论说东方的话语模式。萨义德虽然没有给出一个明确的形象概念，但显然他是将其作为一种特殊的权力话语来看待的。学者周宁（2011）从20世纪90年代中期起就开始研究西方的中国形象问题，提出了跨文化形象学的概念。在跨文化形象学中，周宁将形象分为作为表现的形象和作为话语的形象。作为表现的形象强调形象作为一种符号表述系统的意义，而作为话语的形象则侧重于强调形象的原型意义，也即某种关于形象的原型形成将产生重要的构形力量。在这个意义上，他将中国形象理解为“流行于社会的一整套关于‘中国’的‘表现’或‘表述’系统。其中同时包含知识与想象、真实与虚构的内容，具有话语的知识与权力两方面的功能”。

自大众媒介蓬勃发展以来，媒介化社会的形成使得城市形象无法脱离大众媒介的塑造。而新媒介技术的发展使得媒介、城市场景与人之间的关系变得更为密切。从传播的角度考察媒介与城市形象之间的关系，可以发现媒介在城市形象生成过程中的显著作用。传统媒体时代，借由大众媒介的“表征范式”，一个真实的实在的城市和一个虚拟的建构出来的城市在由媒介中介的过程中得以形成。但版面和频道数目限制以及媒介精英对大众媒介的控制，限制了大众媒介创造的城市可见性。例如电视曾是“后殖民城市”形象最重要的表述者之一，但在西方话语的主导下，一些东方城市笼罩在“优等西方文明和落后东亚文明”这一基本判断里。新媒介语境下，技术赋权使普通网民拥有了参与甚至主导城市身份再造的权利，城市形象不再是传统媒体、官方所精心制造的形象，而变成零散的、个体关于城市的“碎片”感受。网民在有关城市话题的意见表达中呈现的特定文本、情绪，成为研究城市形象新的切入口（钟智锦 等，2020），也赋予城市形象可见性更为丰富的可能性。社交媒体语境下，许多研究指出城市和社交媒体之间的界面就像一层薄膜（Boy et al.，2016），会对城市形象进行选择与“过滤”，限制城市多样化内容的呈现，社交媒体用户形成的网络也会对城市形象进行再次重塑。Boy 以 Instagram 为例，从三个方面分析了社交媒体界面（interface）与城市之间的关系：首先，Instagram 是一个过滤设备（filtering device），它是覆盖在城市表面的一层膜，从城市景观中挑选出某些部分——迷人的、时髦的、精致的——并将它们传递给用户；其次，Instagram 是一种分层工具（stratification device），平台上形成的网络极不均衡，使一些帖子、用户和城市地点脱颖而出，而其他内容则成为信息流中默默无闻的部分；最后，Instagram 也是一个细分设备（segmentation device）（Boy et al.，2016）。用户通常聚集在以不同方式与城市相关的亚文化群体中。Törnberg 等（2022）提出了“平台场所制造（platform placemaking）”的概念，描述了平台如何动员用户数据，根据他们的利益重塑城市空间想象，平台城市主义（Platform urbanism）被理解为数字平台对城市的物质（materiality）、日常生活和治理的影响。平台城市主义指的是数字平台——尤其是像 Facebook、Uber 或 Airbnb 这样的平台企业——重塑城市经济、政治、基础设施和社会生活的方式。

三、城市网络研究

在城市研究领域，对于城市间关系的探讨一直是研究重点，主要以城市网络的视角展开。自曼纽尔·卡斯特（Manuel Castells）提出“流动空间（space of flows）”理论以来，体现城市之间关系的城市网络研究逐渐成为研究重点，一个城市往往在世界城市网络的背景下进行研究和比较。Castells（1996）建议将世界城市整合到多个网络中，每个世界城市网络的结构和城市在这些网络中的位置取决于所考虑的联系类型。在城市网络的研究中，中心性和权力是判断城市定位的重要考察指标。在城市网络的研究中，中心性和权力常被用来描述城市的网络定位性，并成为学者们讨论的焦点（Choi et al.，2006；Neal Z，2011；Smith D A，2001）。大多数关于世界城市和世界城市网络的研究认为，处于网络中心的城市在资源和信息的聚集或分布方面更具优势，中心城市对网络的控制力更强，更能对资源要素的流动施加影响。在测量中，通常使用社会网络分析中的度中心性、介数中心性和接近中心性等一系列指标来描述城市在网络中的中心性和权力（Wei et al.，2022）。学者 Neal（2011）将中心性和权力这两个概念进行了分开阐述，指出城市网络的中心性和权力这两个概念存在一定差异，中心性是资源聚集和分布的统一，而权力是在资源流动中的影响力和支配地位。他根据中心性和权力的二维特征，将城市分为四类，分别是高中心性和高权力的典型城市、高中心性低权力的枢纽城市、低中心性高权力的门户城市、低中心性低权力的边缘城市。后来的许多研究也借鉴了 Neal 的观点，分别从中心性与权力两个方面来研究城市在网络中的定位（Wei et al.，2022）。城市网络研究还包括城市网络的结构特征，网络是一个由点和线组成的系统，从城市外部联系的角度对城市网络中的点、线、网络群体结构进行划分，有助于了解城市网络的结构特征；城市与网络的关系探讨。结合城市网络特征，单个城市通过城市节点、关系通道、联系强弱、聚类特征、抗风险性等方面嵌入在城市网络中，城市与网络的关系需要抓住这些方面进行分析，调控城市在网络中的位置是城市与区域规划的重要运用领域（冷炳荣 等，2014）。

在不同的网络中城市有不同的定位（Sigler et al.，2017；Wall et al.，2011），而城市

内容网络是从内容角度研究城市之间关系的方向之一。现有研究主要从语义相关性、主题相似性、地名共现性等角度探讨城市之间的内容关系。例如：Yuan 等（2020）提出了用一种主题网络方法来探索地方之间的丰富关系，通过将主题建模应用到与地点相关的文本自愿地理信息（VGI）中，可以利用主题相似性将网络中的地点连接起来；Hu 等（2017）根据语义关联性（即包含两个城市同时出现的新闻文章的数量）将城市放入网络中，通过计算城市间的语义相关性来研究城市之间的网络关系；Tongjing 等（2023）通过计算文本中同时出现的每一对城市，以及该文本中这两个城市名称在每种类型的内容关系中同时出现的频率相加，研究城市之间的关系；Salvini 等（2016）使用维基百科文章中的共同出现来检查城市相关性，他们不仅利用共现计数，还利用文章类别（由维基百科用户分配）来语义注释相关性。一些研究进一步发现，在不同的内容主题下，城市之间的关系模式存在差异性。例如：Hu 等（2017）对城市之间的语义关联性网络的分析发现，不同主题下城市之间语义相关性具有不同的距离衰减效应，其中“体育”这样的话题显示出较弱的距离衰减效应，可以将几乎所有城市联系在一起；Tongjing 等（2023）分析了 293 个中国城市在工业、信息技术、金融、研究、文化和政府六个主题方面的关系，发现中国城市体系呈菱形关系结构，以长江三角洲、珠三角，北部的北京、天津，西部的成都、重庆和中部的武汉为中心，是经济重镇。不同主题的网络模式彼此之间有很大的差异，但彼此具有联系。

四、国际传播研究

国际传播语境中裹挟了复杂的国际政治权力竞争与话语权博弈，以及跨文化背景下的理解与沟通难题。因而国际传播常常与跨文化传播、软实力、国家形象建构、国际话语权等繁杂的概念联系在一起。因此，在国际传播语境下，东方主义（Orientalism）、跨文化传播理论，以及形象学与跨文化形象学等理论也能为城市国际传播提供理论背景参考。

1. 东方主义

东方主义是“想象地理”的源起。想象地理的概念最早由 Wright 提出，他将人们感知和认识未知地域的过程定义为想象地理。在《东方学》一书中，萨义德（1999）在开篇即指出：东方并非一种自然的存在。“东方”与“西方”实际上是人为建构出来的，这种建构过程也反映了西方与东方之间存在的一种权力关系。"东方学"实际上代表了西方处于强势地位所形成的一套论说东方的话语模式。西方殖民国家通过其掌握的话语权和话语体系表达对被殖民的"东方"的地方感知过程是一个想象地理的过程。这种地理想象被定义为"东方主义"。东方主义最初出现于 20 世纪 70 年代的西方，并于 80 年代被引进到中国。它的一个基本理论假设是，"每一文化的发展和维护都需要一种与其相异质并且与其相竞争的另一个自我（alter ego）的存在。……每一个时代和社会都重新创造自己的'他者'。也就是说，自我身份或'他者'身份绝非静止的东西，而在很大程度上是一种人为建构的历史、社会、学术和政治过程"（萨义德，2011）。所以，它主张，"东方并非一种自然的存在"，而是东方学作用的结果——"被 19 世纪的欧洲大众以那些人们耳熟能详的方式下意识地认定为'东方的'"（萨义德，2011）。东方主义不仅是后启蒙时期，欧洲文化据以在政治学、社会学、军事、意识形态、科学和想象各方面处理——甚至创造——东方的一个极为系统化的学科，更是以东方与西方"这一本体论和认识论意义上的区分为基础"的一种特殊的思维方式。而中国形象研究对"东方主义"的借用，既体现在它们直接将"东方主义"用作了理论批判的武器——将西方的中国形象视为西方中心主义和西方话语霸权的产物，更体现在它们将"东方主义"自觉地内化为一种思维方式——将中国视为西方的低劣他者（董军，2018）。

东方主义不仅是一个学科，更是一种特殊的思维方式。在国际传播中，中国形象研究中经常借用"东方主义"理论，这种理论的借用不仅体现在将"东方主义"作为批判西方话语霸权对于中国形象塑造的作用，更表现在将"东方主义"视为一种思维方式，认为中国相比于西方而言是沉默的、无法自我表述的、低劣的他者（董军，2018）。

2. 跨文化传播相关理论

城市国际传播从更大的层面上来说也是一种跨文化传播。因此，跨文化传播中面临的阻碍也构成城市国际传播的阻碍，主要包括民族中心主义、刻板印象、偏见。文化的民族主义中心（ethnocentrism）倾向指的是不同的文化习惯于抬高自身的文化价值，认为自身文化优越于其他文化，以在文化冲突时取得自身文化对于其他文化的支配地位（单波，2011）。

刻板印象（stereotype）来自印刷专业术语，专指排版印刷用的凸模字版，也有"僵化、固定的看法"的含义。1922 年，美国学者李普曼在《公共舆论》一书中把"刻板印象"引入社会科学的研究领域，在他看来，刻板印象是"我们头脑中的画面"，代表的是一种过分简化的意见、具有影响力的态度和不加鉴别的判断。由于人所处的环境太过复杂，不允许个体对世界上的所有人、所有的事物去逐一体验和认识，所以人们发展了一种简化的认知方法，把具有相同特征的一群人塑造成一定形象，此后凡是面对属于这个群体的成员，就将之纳入这种预先规定的形象之中。在跨文化的研究视野中，指的就是我们作为一个文化主体，在接受来自其他文化的信息时形成的某种具有固定化、僵化的看法（单波，2011）。比起同文化传播来，跨文化传播中的传播者所知对方的信息量更少，因而定势在认知过程中的影响要大于同文化传播中的情形，乃至任何一本有关跨文化传播的学术著作都不免充满了定势，这也是特别需要警醒的（孙英春，2008）。

在长期的刻板印象下容易形成偏见。偏见（prejudice）源于拉丁文的“Pracjudicium”，意思是“以事先所作出的决定或先前的经验为基础的判断”（孙英春，2008）。在心理学意义上，偏见主要表现为对特定目标群体的偏离事实的、不成熟的判断或评价，也是人们固有的否定性和排斥性的态度，往往是僵化、难以逆转的，会影响到人们各个方面的心理活动和行为。偏见可能是针对作为一个整体存在的群体，也可能针对某一群体的个体。一旦人们对特定群体抱有偏见态度，就会形成选择性的记忆，并去寻找支持自己偏见的证据，使偏见本身得到巩固，进一步就可能导致不公平的、负面的或伤害性的歧视（discrimination）行为。由于偏见产生的基础类似刻板印象，偏见和刻板印象都具有执着的情感内涵，因此较强的刻板印象往往容易发展为偏见。不过，如同刻板印象一样，偏见并不是主观意见或个人癖好，而是从其所属的文化中发展而来，是被社会、历史和文化决定的态度。此外，刻板印象中有符合事实的部分，也有不符合事实的部分，不符合事实的刻板印象就是偏见（Boy et al.，2016）。

五、形象学与跨文化形象学

在跨文化传播中，城市形象也意味着异域形象。在比较文学领域，异国形象强调形象作为文化“他者”的意义。法国学者卡雷将异国形象研究单独提出来，在他的研究中，卡雷将形象学定义为“各民族间的、各种游记、想象间的相互诠释”（孟华，2001）。在《从文化形象到集体想象物》中，巴柔指出，异国形象实际上是一种想象物，反映了社会集体对于他者的描述与表述（孟华，2001）。巴柔在形象学理论中一再强调“他者”的意义。形象就是对作为文化“他者”的异域进行的描述，通过自我与“他者”的差异对立，确认自身的身份及其社会文化与意识形态空间（孙玮，2018）。

学者周宁（2011）从20世纪90年代中期开始研究西方的中国形象问题，提出了跨文化形象学的概念。跨文化形象学有关中国形象的研究主要包括“三组问题”：一是西方的中国形象作为一种知识与想象体系在西方文化语境中生成、传播，以一种话语力量控制相关话题并参与西方现代性实践的问题；二是世界的中国形象与全球化的中国形象网络形成，与此相关的是西方的中国形象的跨文化霸权以及不同国家地区的中国形象中流露的“自我东方化”“自我西方化”的问题；三是域外的中国形象，主要是西方的中国形象，影响或塑造现代中国的自我形象或自我想象，中国自我形象认同的“自我东方化”与“自我西方化”，如何影响中国现代性文化自觉与文化重建的问题。跨文化形象学主要关注作为西方话语实践的中国形象，重点在于揭示形象隐含的文化政治意义，以及形象生成背后的权力运作机制，强调西方中国形象中体现的西方霸权在垄断和控制全球形象生产和传播网络中的突出作用。跨文化形象学直接分析个别文本中的中国形象，并研究个别形象在总体形象类型中的程序化过程，主要沿着形象、类型与原型三个层面依次展开。

六、国际社交媒体平台中的城市传播研究

社交媒体语境下的城市传播、国际传播、软实力建设问题一直受到国内外学者不同角度的关注。国内学者程曼丽（2018）、陈联俊（2018）等从国际传播发展视野强调了对外传播实施中社交媒体对国家形象、国家软实力塑造的意义和作用；邵云（2020）、马缘园（2021）等研究者结合传播主体、内容、方式、效果等方面，考察分析了我国部分城市通过国际社交媒体对外传播的现状和策略；杨凯等（2020）、唐磊（2020）研究考察了国际社交媒体平台中城市形象的呈现特征和用户对城市的感知与评价。国外许多研究结合公共外交、软实力等视野探讨了城市对外社交媒体战略及实践，并结合城市形象和城市品牌探讨了社会化媒体条件下的整合策略、创新机制与形象测量、评估框架。例如Wu等（2017）基于用户博客数据进行分析，识别出游客对首尔的城市印象，并进一步分析这些印象表征背后反映的城市软实力。Huang等（2021）对波兰三个城市实证考察，发现社交媒体为可感知的城市形象提供了可靠的衡量标准，Instagram和Twitter等指标在解释一个地方的可形象性方面发挥了重要作用。

在社交媒体独特的运作逻辑下，许多学者开始关注城市与社交媒介之间的关系（Van

Dijck et al.，2013）。一是研究社交媒体平台中的城市表征与呈现。例如：Zasina（2018）对 Instagram 平台上波兰一座城市的图像进行研究，发现平台中的内容着重呈现美学和风景如画的地方和物体；与现实生活中这座城市的原型相比，在 Instagram 上的城市形象似乎更有选择性。国内许多研究也围绕此展开，主要研究社交媒体中的城市形象呈现特征。例如：杨凯等（2020）爬取 2010—2019 年海外社交平台推特涉穗话语自建语料库，分析其中呈现出的广州城市形象意涵；刘曦等（2020）根据选取了 YouTube 平台中与杭州相关的代表性 UGC 视频，并对视频中呈现的杭州城市形象内涵进行了解读。二是研究社交媒介对城市的表征的同时，进一步研究这种表征如何对城市产生影响。例如 Törnberg（2022）对城市媒介化（urban mediatization）进行了研究，研究了社交媒体如何对城市 Vidigal 进行表征（representation）与呈现，并塑造城市变化的过程，研究发现不同平台在整体上将 Vidigal 描绘成一个冒险和投资的场所，并在某些时刻动员了对"他者"的世界性迷恋，并促进了贫民窟旅游的中产阶级化（slum tourism gentrification）；用户通常聚集在以不同方式与城市相关的亚文化群体中。三是研究社交媒体平台及其背后的资本权力如何塑造对于城市的想象，并进一步影响城市的生活、治理等。

诚如黄旦（2016）指出，国际社交媒体上中国城市形象表面上是零散的、个体关于城市的"碎片"感受，但实际上是国际传播中多元话语经过"审视、变动、重组和再组合"，其背后也与权力相互交织。福柯认为，权力首先应该被理解为多重"力量关系"，其次可将现代权力构想为在个体、群体、机构与组织之间转换与变化的交互性网络，再次应该聚焦这些力量关系在国家、法律和其他领导权（如生产资料所有制）中更大规模的、战略性的显现。福柯认为话语和权力是不可分离的，"话语"作为一种社会实践，是在一定数量下，被控制、选择、组织和再分配后产生的"权力网"。曼纽尔·卡斯特围绕着"传播力"对权力进行论述，他认为，人们对权力的理解在网络社会中会发生根本性转变，从一种固定的、边界的视角转向一种动态的、网络的视角。权力的产生不仅仅取决于行动者本身的属性，而是在更大的程度上取决于行动者与其他行动者之间的关系，以及在关系网络中所处的位置。

在新媒介语境下，城市形象背后存在着权力的竞争与博弈。例如学者 Vanolo（2017）指出，城市品牌不仅仅是由政府和品牌顾问制作的，它是一个涉及许多社会主体的联合生产。每个主体都产生话语、图像和幽灵（ghost），最终的结果是城市品牌社会化的过程，这个过程显然不是民主的，因为不同的参与者在构建叙事和制造或隐藏城市幽灵

(ghost)方面拥有不同的权力。学者路鹃(2021)对短视频中的"网红城市"形象的研究指出，政府会为城市形象输出配套基础设施、提供政策倾斜，网红城市的可见性是地方政府介入后资源配置和调度的结果。在国际传播语境下，中国城市的背后还存在着更加复杂的国际权力竞争与话语权博弈。国际传播研究从诞生伊始就与国家、权力、意识形态联系在一起，萨义德的东方主义表达了西方凌驾于东方之上的话语霸权，跨文化形象学关注形象生成背后的权力运作机制，强调西方中国形象中体现的西方霸权在垄断和控制全球形象生产和传播网络中的突出作用(李金铨，2015)。伊曼纽尔·沃勒斯坦在20世纪70年代提出的世界体系理论受到广泛的认可并逐渐拓展到包括传播学在内的多个学术领域，其关注的对象也从最初的政治、经济和文化辐射延伸到全球信息传播，即在全球信息传播格局中也同样存在"中心—半边缘—边缘"的等级结构(吴瑛 等，2015)，反映出世界信息体系权力结构的不均衡性。国家形象塑造既是一国话语实践的过程，更是各国国际话语权相互博弈的过程(王啸，2010)，国际传播中的权力不对称性与话语权博弈也成为城市形象构建过程中的重点和难点(费雯俪 等，2021)。

传播媒介通过对权力关系的再造，影响着城市形象的可见性。例如一些研究已经关注到了社交媒体平台及其背后的资本权力如何塑造对于城市的想象，并进一步影响城市的生活、治理等。平台城市主义(Platform urbanism)被理解为数字平台对城市的物质(materiality)、日常生活和治理的影响。平台城市主义指的是数字平台——尤其是像Facebook、Uber或airbnb这样的平台企业——重塑城市经济、政治、基础设施和社会生活的方式。在社交媒介中，权力也意味着传播权力，在《传播力》(*Communication Power*)一书中，卡斯特基于"网络社会"的语境和脉络提出了他的"传播力"理论。这一理论从"权力"的视角出发理解"传播"，并提出了网络社会中传播与权力的"同构"关系(唐荣堂 等，2018)。卡斯特指出，"权力源于网络的编制能力，这种能力最终取决于产生、扩散和影响构建人类活动的话语能力……话语通过一种特定的技术塑造公众心态：使社会化传播成为可能的传播网络"。换而言之，传播是通过交换信息而建构意义，而"建构意义"正是"话语即权力"脉络的重要体现。因而卡斯特认为，传播网络是社会中制造权力的基本网络。

在社交媒介中，用户在内容扩散与网络互动中形成的关系网络与结构，形成了新的传播权力，并影响着城市形象可见性的形成。例如Boy等(2015)发现Instagram中形成的用户网络极不均衡，使一些帖子、用户和城市地点脱颖而出，而其他内容则成为信息流中默默无闻的部分，进而影响了城市的呈现。在国际传播领域，一些学者也对国际传播中的传播权力进行了研究。汤景泰等（2018）的译著从传播网络的视角研究了“一带一路”在国际社交媒体平台上的传播网络结构，发现传播网络作为控制各类社会网络间信息流的基本结构，与传播效果正相关；龚为纲等（2019）对全球舆情大数据对西方涉华舆情所建构的东方主义话语及其全球传播机制进行了分析，发现全球网络空间中的新闻信息传播同时表现出“核心—边缘”结构和“文化圈群”结构，二者塑造了全球网络空间中涉华舆情的景观；周翔等（2019）运用社会网络分析法剖析推特用户围绕“一带一路”议题形成的关系网络以及我国媒体账号在此网络中的结构位置，发现“一带一路”议题的推特传播场域的边界和结构实际上在相当程度上仍然是由现实场域中的结构性力量和关系决定，媒体的国际传播能力在很大程度上取决于系统结构的整体性优化程度。国际社交媒体传播中的传播网络结构也会影响城市形象的生成与传播，例如郭可等（2018）指出，世界体系理论仍然适用于解释次中心等级城市的形象和话语生成机制，在当前全球信息网络结构中，鉴于西方国家的整体软实力优势和英语语言的优势，全球信息流动的方向仍是从以西方为主的世界媒体（包括社交媒体）中心（伦敦和纽约），流向正在崛起但仍处在次中心的北京和上海这样的城市，这样的信息传播格局也会影响中国城市的形象生成机制和传播模式。从这一视角出发，关系网络与结构可以成为我们考察城市形象可见性背后的传播权力及影响机制的方式之一。

第四节　研究对象

一、Twitter

本书选取 Twitter 平台作为研究对象。Twitter（推特）是一家美国社交网络及微博客服务的公司，致力于服务公众对话，可以让用户更新不超过 140 个字符的消息（除中文、日文和韩语外已提高上限至 280 个字符），这些消息也被称作“推文（Tweet）”，Twitter 被形容为“互联网的短信服务”。这个服务平台是由杰克·多西（Jack Dorsey）在 2006 年 3 月与合伙人共同创办并在当年 7 月启动的。2023 年 3 月 9 日，埃隆·马斯克将推特公司并入 X 公司。2023 年 7 月，马斯克在 Twitter 上宣布 Twitter 将进行品牌重塑，更名为 X。2023 年 7 月 24 日，Twitter 开始逐渐更名为“X”（图 1.1），徽标由小蓝鸟标识变更为黑色的 X 标识，同时，x.com 被重定向至 twitter.com。Twitter 作为全球具有代表性的社交媒体，涵盖了多个国家和语言的人群，是进行国际传播效果评估的良好平台。根据国际网站排名 Alexa.com，Twitter 在全球网站排名第九，是国际社交媒体中最具影响力的网站。同时，Twitter 也是全球最大的公共舆论平台。

图 1.1　埃隆 · 马斯克的推文

二、中国城市样本

本书采用简单随机抽样的方法，从我国 337 个地级及以上城市中，随机选取 30 个城市作为研究样本。具体过程为，将 337 个地级及以上城市打乱顺序进行编号，然后从随机抽取，直到达到所需的样本容量为止。对这 30 个城市，以“China”和“城市名”组合关键词进行检索，抓取 2015 年 1 月 1 日至 2020 年 12 月 31 日之间 Twitter 中的所有帖子，在抽样的过程中，若抽取的城市 6 年内的样本帖子少于 500 条，那么则从样本中剔除。剔除后继续采用简单随机抽样的方式抽取新的城市作为补充。最终选取的完整城市名单为：上海、成都、深圳、杭州、克拉玛依、哈尔滨、苏州、厦门、乌鲁木齐、昆明、三亚、张家界、天津、西安、黄山、大连、海口、长沙、济南、南昌、桂林、沈阳、珠海、石家庄、郑州、长春、南通、盘锦、榆林、包头。可以发现，样本中既包括上海、深圳这样的一线城市，也包括杭州、克拉玛依、榆林等各类、各层次、各区域的城市，因而样本具有一定代表性。

第五节　研究内容与结构

本书主要针对中国城市在国际社交媒体传播的机制与特征问题，就中国城市在国际社交媒体传播的特征与状况进行实践调研，分析中国城市国际社交媒体传播的现状、特征与机理，并提出相应的对策建议。

研究的架构主要从以下层面进行：（1）中国城市在国际社交媒体传播中的内容构成与效果特征，从传播内容角度对城市在社交媒体传播中所取得的传播效果进行实际考察；（2）中国城市在国际社交媒体传播中的内容趋同现象与特征，提出并分析中国城市在社交媒体传播中普遍存在的内容趋同发展趋势，并分析其特征；（3）中国城市在国际社交媒体传播中的内容趋同与传播效果困境，根据各个城市的战略定位与传播目标，分别对30个样本城市的传播现状、内容趋同与传播困境进行分析考察；（4）中国城市在国际社交媒体传播中的内容传播结构研究，从“领袖城市”的理论角度对中国城市在国际社交媒体传播中的内容网络结构进行研究，深入分析中国城市国际社交媒体传播背后的机理；（5）中国城市在国际社交媒体传播中的传者构成与关键影响力用户研究，对中国城市在国际社交媒体中的传者主体以及热门帖文的关键影响力用户特点进行分析。通过上述方面，对中国城市在国际社交媒体的传播现状和特征、困境、机制予以较为系统的实践审视和调研分析，并提出更具针对性的对策建议。

第六节　研究设计与研究方法

本书的总体研究思路是：对国际社交媒体 Twitter 中发布的关于中国城市的帖子及其各项元素进行抓取和抽样，首先，分析其内容构成与效果特征；其次，针对中国城市在国际社交媒体传播中的内容趋同现象与传播效果困境、内容传播结构进行分析；最后，分析中国城市在国际社交媒体传播中的传播主体构成。结合中国城市在国际社交媒体传播中的内容、效果、传者等方面的构成与特征，对中国城市国际社交媒体传播进行总结评估和优化对策分析。

各部分的研究思路和研究设计如下：

（一）中国城市国际社交媒体传播的内容构成与效果特征研究。对 Twitter 平台上发布的与中国城市相关的推文内容进行抓取。对所得的大量文本，结合文本聚类方法进行分析，呈现中国城市帖文内容和主题特征。对所得的社交媒体城市帖文，结合点赞数、评论数、转发数等情况，考察中国城市在社交平台传播内容的实际反馈度和影响力。

（二）中国城市在国际社交媒体传播中的内容趋同现象及其特征。对中国城市在传播中的内容趋同发展趋势及其特征进行分析，超越现有国际传播与城市传播研究中对内容偏向、内容趋同的笼统概括与静态描述，从动态视角对传播中的内容趋同程度随传播热度变化而产生的共变趋势进行分析。一是强调内容趋同随热度变化的发展趋势，二是注重不同城市发展趋势的共性特点。

（三）中国城市在国际社交媒体中的传播效果与内容趋同困境。在前两章对于内容构成与效果特征、内容趋同现象及其特征分析的基础上，通过与样本城市的总体规划及其战略定位进行对比，对 30 个样本城市的传播效果与内容趋同困境进行细致分析。

（四）中国城市在国际社交媒体传播中的内容趋同方向。对城市热门内容彼此之间的内在联系与关系结构进行考察，分析内容趋同发展趋势的方向特征。

（五）中国城市在国际社交媒体传播中的内容趋同结构。采用城市网络与关系的视角，探究不同城市的热门内容在内容扩散中形成的关系网络与结构。借鉴城市网络的视角，将城市置于中国城市内容网络之中进行考察，分析不同城市之间热门内容的彼此影响与相似性传递作用。

（六）中国城市在国际社交媒体传播的传者主体与关键影响力用户研究。针对国际社交媒体平台上帖文的用户资料数据，对传者状况进行调研，并对热门帖文与关键影响力用户进行分析，为传播的优化提供传者基础。

第二章　中国城市在国际社交媒体传播中的内容构成与效果特征[①]

本章通过文本聚类与分类的方法，运用网络采集、文本挖掘等手段和工具，来探讨中国城市在国际社交媒体传播中的主要内容类型特征及其传播效果。

第一节　研究设计与抽样方法

一、样本选取与数据预处理

如前文所述，选取Twitter平台作为研究对象，从我国337个地级及以上城市中随机选取30个城市作为研究样本，这些样本中既包括上海、深圳这样的一线城市，也包括杭州、克拉玛依、榆林等各类、各层次、各区域的城市，样本具有一定代表性。完整城市名单为：上海、成都、深圳、杭州、克拉玛依、哈尔滨、苏州、厦门、乌鲁木齐、昆明、三亚、张家界、天津、西安、黄山、大连、海口、长沙、济南、南昌、桂林、沈阳、珠海、石家庄、郑州、长春、南通、盘锦、榆林、包头。对这30个城市，以“China”和“城市名”组合关键词进行检索，例如“China Shanghai”“China Shenzhen”等，通过Python编写网络爬虫，抓取2015年1月1日至2020年12月31日之间Twitter中的所有帖子。由于Twitter平台不同日期检索同一个城市的URL不同，因此本书以三天为单位，采用人工构造URL的方式抓取。尽管人工构造的过程工作量更为繁琐，但能够尽量避免抓取过程中由于系统提供的帖子量不完整等原因造成的过多遗漏，使得取样更为全面，样本在分布上更为均衡。

对数据进行清洗，去除重复帖与无效帖，并以每条帖子的点赞数、评论数作为衡量每条帖子传播热度的指标。首先将点赞数与评论数经过以2为底的对数函数转换：

① 本章为徐翔指导余珺君，共同完成。

$\log_2(x_i+1)$，其后进行归一化处理，统一量纲到 0 到 1 之间的值，依次代称为 C_1、C_2。并将 C_1、C_2 二者等权相加后求平均的相对热度值 C1，作为帖子的热度值指标，最后分析的有效帖子数量为 788 032 条，时间跨度为 6 年，各年份与各月份帖子数量见图 2.1，各年份帖子分布虽具有一定差异，但总体而言未出现明显集中于某个年份的情况，各月份帖子分布也较为均衡。对此需说明的是，由于本书涵盖 30 个城市样本，而与城市有关的内容会不可避免地受到各个城市的媒介事件、国际活动、国际赛事、突发新闻等因素的影响而呈现一定的高低起伏，因此总样本帖中出现的一定的差异性也更加符合城市传播的现实特征（图 2.2）。

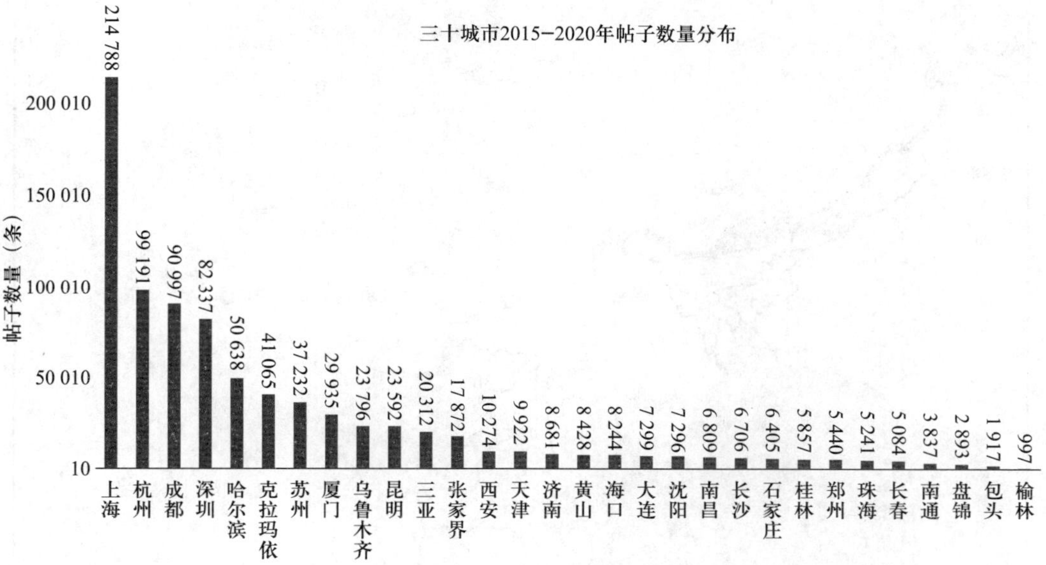

图 2.1　30 城市各城市帖子数量分布

二、帖子内容的特征提取与向量化表示：BERT 模型

对于帖子内容的向量化，本书采用 2018 年谷歌 AI 团队发布的 BERT（Bidirectional Encoder Representations from Transformers）模型。该模型在 11 种不同的 NLP 测试中创出最佳成绩，被认为是自然语言处理的集大成者。BERT 预训练语言模型能够根据上下文动态自动生成语义向量（杨飘　等，2020）。在具体操作中，本书采用 Sentence-BERT（SBERT）模型，该模型是对预先训练的 BERT 网络的修正，它使用连体和三元网络结构来导出语义有意义的句子嵌入，可以使用余弦相似度进行比较（Reimers et al.，2019）。在具体操作中，本书采用 Sentence　Transformers 官方提供的多语言模型，采用 Python 进行分析。该模型将帖子转为 768 维的句向量，用于后文的分析。

中国地图

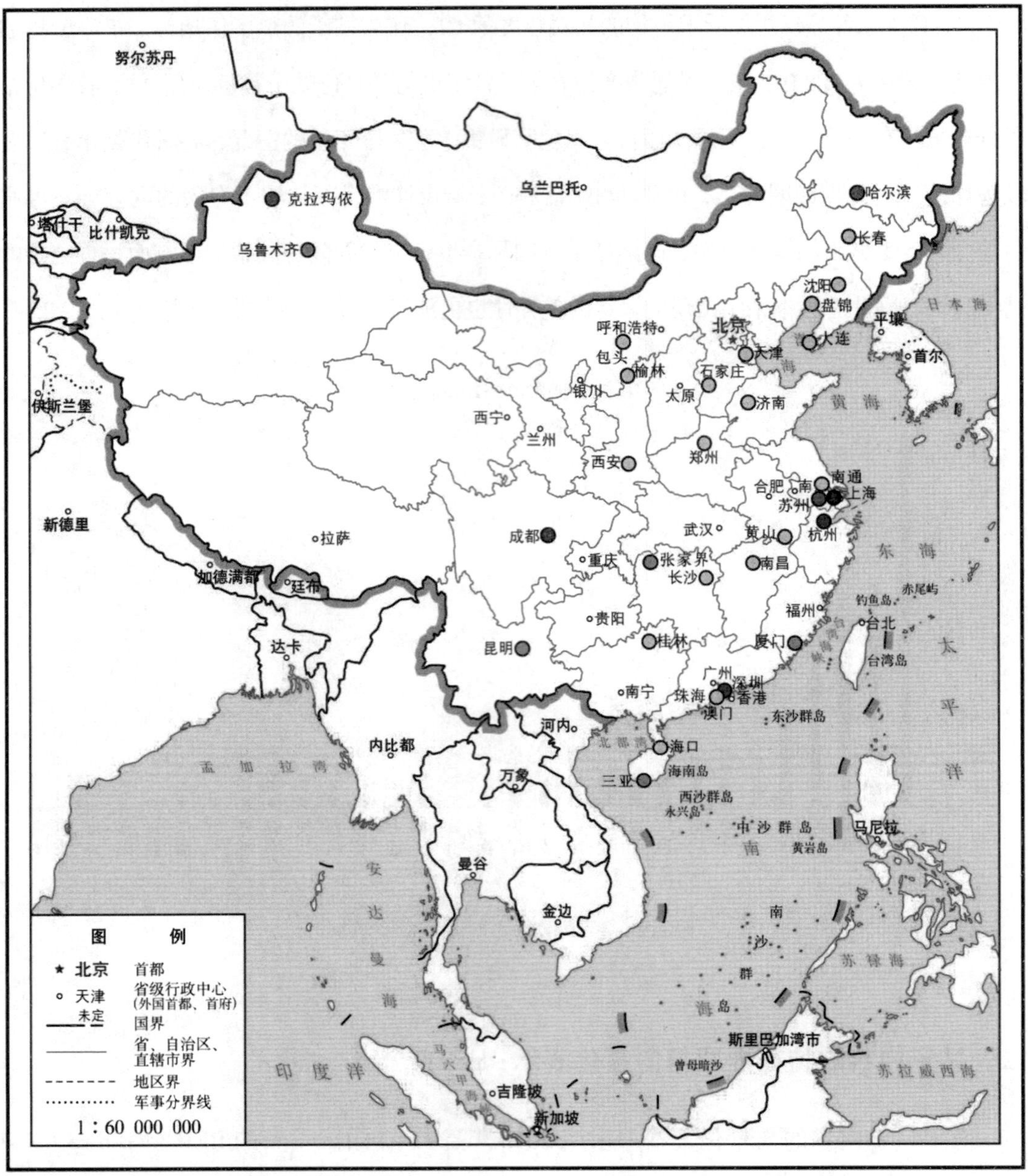

审图号：GS(2019)1711号　　　　自然资源部 监制

图 2.2　中国三十城市各城市帖子区域分布

三、K-means 聚类

聚类是机器无监督学习中一种重要的方法，这种方法是通过机器自动分类的方式把一个数据集分为若干类。其中，K-means 算法是最经典的基于划分的聚类算法之一，于

1967 年由 MacQueen 提出，其基本思想是先从数据集中随机选定 K 个聚类中心点，然后计算每个数据样本到聚类中心点的距离，并根据距离的远近划分到相应簇中去。K-means 算法具有迭代次数快、计算效率高等优点。在文本聚类的应用方面，Dhillon（2001）将其用于文本聚类中，并利用余弦相似度来计算对象间的距离。目前，K-means 已经成为文本聚类领域最常用的算法之一。

通过 K-means 算法将帖子向量聚为 50 类。主要步骤如下：（1）运用 sklearn 的 Count Vectorizer 函数对 788 032 条帖子进行词频矩阵的统计，主要设定参数如下：min_df =50，max_df =0.01，也即最低出现的词频（min_df 参数）为 50 次，最高的文档出现比例（max_df 参数）为 0.01，以剔除一部分出现频率较高但是实际上无明确含义的词汇，比如一些副词、助词等；（2）通过 Bert Sentence-transformers 将帖子转为 768 维的向量，在 Python 中借助 sklearn 模块引入 KMeans 对帖子进行聚为 50 类。其关键的命令为：KMeans（n_clusters=50，random_state=0）。

通过 K-means 算法对每个城市的帖文内容进行聚类，并结合误差指标判断聚类数目。从图 2.3 可以看出，随着聚类数量 k 的增长，其簇内误差平方和（K-means Inertia）变化逐渐降低。经过对误差的考察，我们选取 50 类作为聚类数目，因为在 50 类时误差处于平稳变化状态。

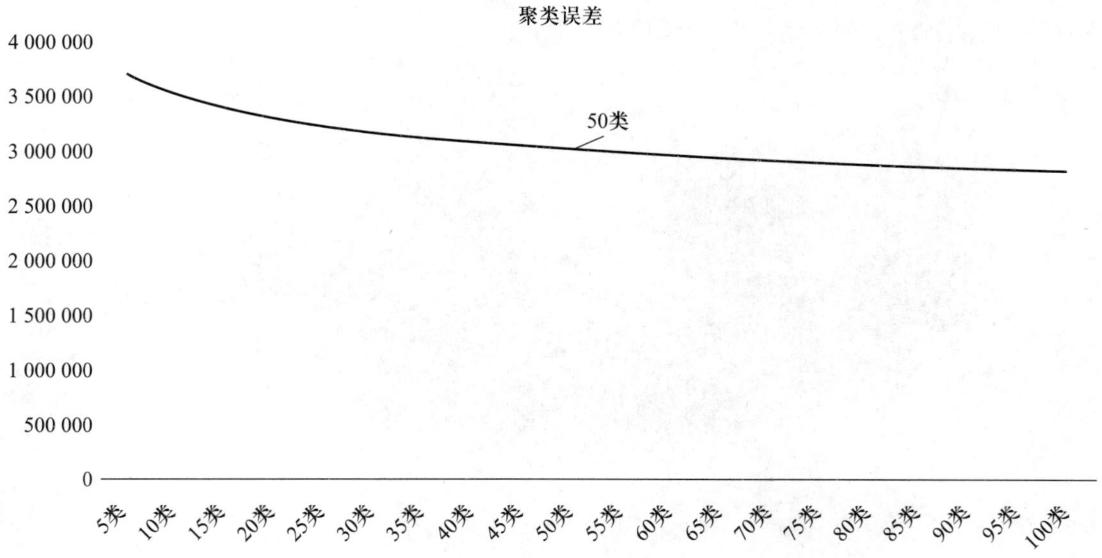

图 2.3　聚类误差趋势图

第二节　内容聚类与分类结果

根据对帖文进行文本聚类的结果（图 2.4），对 50 类内容的主题特征进行归纳。50 类别依次为：克拉玛依（大部分与克拉玛依相关）；新冠疫情类；名人类或帖子中明确提到人名；酒店；经济、企业与商务；气候、环境；旅游、旅行见闻；航空、飞行；影视、视频（包括拍摄视频）；经济、商业贸易；冰雪；杭州（大部分与杭州相关）；娱乐、活动（比赛、仪式、展览等）；音乐、演出；人权、涉疆敏感问题、宗教；工作、职业、求职、招聘类；建筑类；军事、武器；国际（国家与企业等）交流、合作、会议；学校、教育；城市风光与文化类（美景、历史、文化）；网络安全；体育、竞技；女性、时尚；科技创新；经济、股票与市场；各类混合（社会类、新闻类）；个人情感表达、心情；体育、竞技类；美食（咖啡、茶等）；飞行、航空；政治；交通；克拉玛依类（全是与克拉玛依相关的帖子，但无实际含义）；艺术类（绘画、雕塑、文物、建筑等）；海洋、海边、海滨；哈尔滨（帖子多与哈尔滨相关、大量涉及教堂）；商业、商品、商场；制造；克拉玛依（全是与克拉玛依相关的帖子，但无实际含义）；负面社会新闻类（踩踏、火灾、地震、事故等）；动物；风景、景点；摄影、照片；经济、金融；城市风景、景点；职业类（多数与教师有关）；美食、饮食；乌鲁木齐（大部分帖子与乌鲁木齐相关）、宗教；城市生活（主要谈论各个城市的生活等）。

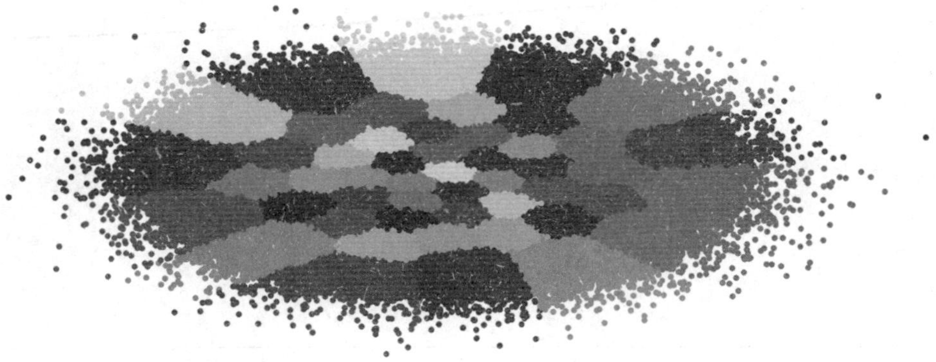

图 2.4　50 类别聚类效果示意图

在文本聚类的基础上，为了更加细致的进行分析，参考现有研究对城市目的地形象、中国形象的相关分类，对 50 类主题进行更加细致的分类。Beerli（2004）将目的地形象分为：自然资源、一般基础设施、旅游基础设施、旅游休闲及娱乐、文化、历史和艺术、政治和经济因素、自然环境、社会环境、当地的氛围。Choi（2007）将目的地形象分为：历史建筑和遗产、文化活动和设施、公园和花园（城市生活中放松的地方）、购物、旅游设施及基础设施（交通设施、酒店、会议设施等）、娱乐和游戏、鸟瞰或自然景观、当地美食和餐饮、体育/娱乐活动及节日、人民和当地居民和其他。Xiang（2013）将中国形象分为政治、经济、国际关系、社会问题、文化、环境、教育、旅游、军事、科学技术、体育、伦理问题、宗教、其他。Förster（2014）对信息世界城市相关推文进行分析，发现这些热门推文主要包括以下类别：城市，国家与其他地理位置、经济，工业，金融和就业、事件和日期、体育、照片，电影和音乐、名人，名人政治与社会、社交媒体与沟通。除此之外，城市的名字在垃圾推文中很流行，它们经常被链接到与城市无关的信息上。

借鉴上述研究，结合聚类得到的50类别的特点，本书将城市帖文进一步划分为以下内容类别和各类别的高频词（表2.1、表2.2）：

（一）政治类。一是集中于对人权、宗教、政治敏感事件的讨论；二是主要与中国的政体、政府的政策以及与政治相关的事件等。

（二）体育、娱乐活动、音乐演出与节日类。一是与相关城市举办的体育赛事、体育运动、体育运动员相关；二是与相关城市举办的明星见面会、音乐会与演唱会以及其他和音乐、演艺相关的活动和演出等；三是与城市举办的展览、比赛、活动等相关。

（三）新冠类。主要与新冠疫情相关，包括疫情的情况、病毒及其治疗方法，以及政府的抗疫防疫措施等。

（四）新闻与社会类。主要与城市发生的新闻，特别是与负面的社会新闻相关，包括一些灾难、事故、丑闻等相关，还包括城市的日常生活等。

（五）人物与名人类。该类帖子中都明确提及了人，特别是明星、名人。

（六）城市资源与风景类。一是与城市拥有的自然风景、地貌相关，特别是比较壮观的自然景观；二是与自然资源相关，包括气候与环境，其中冰雪相关的内容也受到广泛关注；生物资源，主要与动物相关，其中讨论最多的是大熊猫，以及海洋生物与海洋资源；三是与城市的著名景点、高楼大厦、夜景、鸟瞰等城市风景有关。

（七）个人心情类。主要为用户个人分享自己的日常、抒发自己的情感有关。

（八）军事、武器与航空飞行类。主要与军事装备、武装行动、军事演习等相关，其中还涉及很多航空飞行相关的工具，包括直升机、无人机和其他飞行器等。

（九）城市一般基础设施类。主要与公共交通类基础设施有关，包括公路、铁路、航空飞行等，还包括 5G 网络等其他城市基础设施。

（十）城市发展与特定城市类。一是与城市的现状、发展、建设有关；二是与某个特定城市相关，也即所聚的类别中大部分都围绕某一个城市展开，例如克拉玛依、哈尔滨、乌鲁木齐、杭州。

（十一）城市文化、历史和艺术类。一是与城市的现代建筑与历史建筑、人文景点相关；二是与城市的文化艺术相关，包括绘画、雕塑、文物、艺术品等；三是与城市的饮食文化与美食相关。

（十二）经济、金融、商业与就业类。一是与经济与市场、股票与金融相关；二是与公司和企业、求职与就业相关；三是与商品、商业贸易相关。

（十三）美与时尚类。要与女性和时尚相关，包括时尚品牌、明星与时尚、时尚产业等，还包括女性、美容等与美相关的内容。

（十四）照片与影视类。主要包括电影与影视、城市摄影、视频等，该类多数帖子中都包括对照片和视频的分享。

（十五）科技制造与创新类。主要与科技创新、工业、生产制造相关。

（十六）城市旅游基础设施与休闲娱乐类。主要和旅游、度假、以及度假酒店相关。

（十七）国际交流、合作与会议类。主要与国际会议、国际交流、国际活动相关。

（十八）网络安全类。主要与网络和数据安全相关。

（十九）学校与教育类。主要与学校、教育相关。

表 2.1　K–means 聚类与人工进一步分类结果

类别名称	聚类中的类别序号
城市资源与风景	5、10、35、41、42、45
城市文化、历史和艺术类	16、20、29、34、47
城市旅游基础设施与休闲娱乐类	3、6
城市一般基础设施类	7、30、32
经济、金融、商业与就业类	4、9、15、25、37、44、46
政治类	14、31
军事、武器与航空飞行类	17
照片与影视类	8、43

续表

类别名称	聚类中的类别序号
新闻与社会类	26、40
科技制造与创新类	24、38
人物与名人类	2
体育、娱乐活动、音乐演出与节日类	12、13、22、28
学校与教育类	19
个人心情类	27
城市发展与特定城市类	0、33、39、48、49、36、11
新冠疫情类	1
国际交流、合作与会议类	18
网络安全类	21
美与时尚类	23

表 2.2　K-means 聚类各类别 TF-IDF 高频词

类别特征	各类别 Top10　TF-IDF 高频词
新冠疫情类	Severe，tracing，biological，spike，postponed，cases，biotechnology，molecular，pigs，tested
名人类或帖子中明确提到某个人	Clubes，songwriter，activist，lawyer，dylanwang，sharks，brasileiro，freeuyghur，yannick，bountyhunters
酒店类	Englishcorner，accorhotels，gloria，hilton，residences，luxurytravel，kempinski，Piscina，orchid
经济、企业、商务	Digital，tycoon，fund，mining，ruling，giveaway，takeaways，wtc，privacy，startups
气候、环境类	Warmer，shortwave，degrees，Rain，raining，pollution，heating，wind，temperatures，glacier
旅游、旅行见闻类	adventure，honeymoon，canals，travelblog，jiuzhaigou，lingering，esplendida，全世界，overland，backpacker
航空、飞行类	Charter，airline，runway，aircrafts，cancelling，萧山，transporting，Airplane，rotation，shuts
影视、视频（包括拍摄视频）类	Runningman，livestream，电影，operahouse，digitalsignage，Filmmusic，iqiyi，jennie，artresidency，张艺兴
经济、商业贸易类	issuance，brokerage，biotechnology，fines，regulators，patent，servers，acquire，ipo licensing

续表

类别特征	各类别 Top10　TF-IDF 高频词
冬季、冬季、冰雪类	Frozen，freezing，winter，冰雪，rime，spectacle，fairy，cubic，ski，lido
娱乐、活动（比赛仪式展览等）	Pavilion，carnival，tournaments，jewellery，festivals，circus，forums，meetup，import，cinemas
音乐、演出、展览类	Joongki，comedy，afternoontea，dears，bands，kpop，fanmeet，rapper，音乐，disco
人权、新疆维吾尔敏感问题、宗教类	Komunis，torture，islam，uyghur，sentenced，arrests，terror，injured，covenant，detained
工作、职业、求职、招聘类	applications，jobs，technician，asset，mortgage，equity，assurance，销售 consultant，coordinator
建筑类	mosque，教堂，mirrored，ceilings，towers，basilica，palaces，Architecture，facade，opera
军事、武器类	Bombing，jet，warships，sinks，tigers，aviation，carriers，battlefield，submarine，commissioned
国际（国家与企业等）交流、合作、会议类	Mayors，negotiations，monetary，举行，honoured，conversations，webinar，priorities，brexit，president
学校、教育类	alumni，fellows，academics，csc，cohort，educator，pupil，lectures，preschool，applicants
城市风光与文化类（美景、历史、文化）	palaces，classical，horticultural，emperors，cherry，snowfall，irrigation，species，美丽，temples
网络安全类	quantum，domain，bot，recall，computer，stole，network，message，secure，snapchat，website
体育、竞技类	fivb，campeonato，simona，triathlon，nataci，wrestling，opponents beachvolleyball，marcello，chess，itf
女性、时尚类	Womens，fashionweek，fatima，skincare，chinesegirl，couture，modellife，dolls，dresses，hobby
科技创新类	accelerate，emprego，semicon，renewable，biotechnology，robotic，ibmcsc，technews，patent，nokia
经济、股票、市场	distinct，forex，slump，stockmarket，bourse，volatility，surges，beneficial，indexes，monetary
各类混合（社会类、新闻类）	风光，灵隐寺，空港，巷子，电商，人民网，宁艺卓，小悦悦，新浪网，峰会
个人情感表达、心情类	unleash，gratitude，happytime，happiest，哈哈哈，merry，happynewyear，感谢，merrychristmas，hug

续表

类别特征	各类别 Top10　TF-IDF 高频词
体育、竞技类	tournament，cricket，scored，overwatch，klub，random　forecast，yatai，lakers，tricampeonato，futebol
美食类（咖啡、茶等）	recipe，drinking，tea，beer，plantation，dried，chocolate，pineapple，味道，juice
飞行、航空类	Tax，digitalmarketing，二号，salidas，pesawat，airasia，lufthansa，seats，travelti-booking
政治类	Terrorists，socialist，selloff，biden，servers，fatima，brexit，censorship，dystopian，politicians
交通类	Vehicles，transportation，containers，lanes，uber，runways，batteries，speed，electric，stations
艺术类（绘画、雕塑、文物、建筑等）	everimaging，marble，flute，mosaic，cascading，academia，artifacts，archaeologica，retrospective，relics，archilovers
海洋、海边、海滨类	soetta，squid，docked，southernmost，surf，South　China Sea，amphibious，shark，fishing，mangrove
商业、商品、商场类	scarf，retail，sneakers，distributors，foster，fabrics，stores，retailers，procurement，ecommerce
制造类	multifunctional，durable，printer，powder，wireless，exporter，teslachina，machinery，motors
负面社会新闻类（踩踏、火灾、地震、事故等）	六四，abuse，wage，slams，flee，sacked，blamed，sinkhole，terrorists，casualties
动物类	overload，whales，veterinary，animal，dolphins，duck，tiger，habitat，wolves，bears，pandas
风景、景点类	amazingplaces，canyon，glacier，landscapes，mountainous，fairyland，风景区，黄山，张家界，cliff
摄影、照片类	selfie，justgoshoot，photographs，cityscape，写真，portraits，monochrome，chinaphoto，flickr，cinematography
经济、金融类	sank，mercados，plunging，benchmark，yield，futures，trades，monetary，securities，brokers
城市风景、景点类	spans，bridge，manmade，oriental，pearltower，Huangpuriver，夜景，canals，cityview，highrise
职业类（多数与教师有关）	math，Chinajob，gaoxin，bordering，diversified，licensed，job，trainer，instructor，counselor，shanghaijobs
美食、饮食类	Szechuan，bakery，flavors，buns，dumplings，tomatoes，buffet，delicious，cakes，delicacies

续表

类别特征	各类别 Top10　TF-IDF 高频词
城市生活（主要谈论各个城市的生活等）	rincones，skyscraper，fishing，东方明珠，gdp，towns，apartments，colonial，medieval，地点
哈尔滨类（帖子多与哈尔滨相关、大量涉及到教堂）	comic，brick，cement，worship，miraculous，porcelain，ware，wondrous，unimaginable，enchanted
杭州类	art，concurso，bending，frozen，coloured，spectacular，cubic，rascacielos，turistas，rime
乌鲁木齐类（大部分帖子与乌鲁木齐相关）、宗教类	liver，organs，harvesting，detainees，heavenly，Xinjiang，tianchi，muslim，executed，shuttle
克拉玛依类（全是与克拉玛依相关的帖子，多为小语种，但无实际含义）	masaya，hirap，behleicesterfood，jusko，teambaha，yayun，puyatan，maganda，laging，nalang
其他（全是与克拉玛依相关的帖子，多为小语种，但无实际含义）	mamaya，kakampi，votemainefpp，araw，nagiging，salamat，bakit，darating，parin，tuwing
克拉玛依类（全是与克拉玛依相关的帖子，多为小语种，但无实际含义）	masaya，hirap，leicesterfood，jusko，teambahay，puyatan，laging，lungkot，diyan，tayo

表 2.3 是各类帖子中的帖文代表和示例。

表 2.3　K-means 聚类各类别代表性帖文

类别特征	各主题代表性帖子
新冠疫情类	A friend reports that #Shanghai's parks and tourist attractions are closing, soon after they were reopened.#China is being hit with the second wave of #coronavirus infections.#COVID19
名人类或帖子中明确提到某个人	Steph Curry is in China right now with Under Armour but it's not all about basketball.He's debuting his new GOLF line in Shenzhen.Collection includes 14 pieces available in Fall 2019.
酒店类	China's first capsule hotel opens in Hangzhou
经济、企业、商务类	IGT-CRYPTO continues its business tour in China.Shanghai has been a success，we had several strategically important meetings in Shanghai，visited the main working offices of the Cryptovalley foundation and FundamentalLabs.
气候、环境类	Incredible shot of water freezing mid air in Changchun，China.

续表

类别特征	各主题代表性帖子
旅游、旅行见闻类	I've spent the past month in Shanghai，which I think is the best place in the world right now: It's always been the most fun and livable city in China; and there has been no transmission of the virus since April，with restaurants，bars，and museums all open for months.
航空、飞行类	New Sichuan Airlines air-link，connecting Tel Aviv & #Chengdu，the capital of Sichuan Province in China，to begin later this month – bringing China & Israel even closer.
影视、视频（包括拍摄视频）类	Video promosional Sudirman Cup 2021 Suzhou，Jiangsu province，China，KEREN!!#Sudirman Cup2019
经济、商业贸易类	Another good news for China-UK financial cooperation.Less than one month after listing of China Yangtze Power，SDIC Power becomes the 4th issuer using Shanghai-London Stock Connect.
冬季、冬季、冰雪类	Over 2,000 ice lanterns displayed in Harbin，capital of northeast China's Heilongjiang Province #Lantern#Festival
娱乐、活动（比赛仪式展览等）	Hangzhou summit charts course for better #G20 and world
音乐、演出、展览类	Excited to announce that we're coming back to Shanghai，China for Concrete & Grass Festival（@theconcretekids）next month!See you there.
人权、新疆敏感问题、宗教类	I wonder if Keanu Reeves knows that his picture was on the posters all over the Urumqi back in 2014，as an example of religious extremism because of his beard.But，it was the good days，at least，3 million Uyghurs weren't in concentration camps at that time.
工作、职业、求职、招聘类	$TSLA has launched a hiring spree in Shanghai with plans to bring on designers at its China studio and about 1,000 factory workers.
建筑类	Nanchang Palace is located in Baoji，Shaanxi Province of China.Qiuchuji（1148-1227）once studied Taoism at Nanchang Palace from 1174 to 1180 of Jin Dynasty（1115-1234）.The main building was renovated in 1823 of Qing Dynasty.It is an important temple of Quanzhen Sect of Taoism.
军事、武器类	New satellite images published by a US think tank may provide the world's first look at China's next aircraft carrier，as construction progresses on a mysterious large vessel in a shipyard outside Shanghai.
国际（国家与企业等）交流、合作、会议类	Minister of State for Culture（I/C）Dr Mahesh Sharma participated in the SCO Culture Ministers Meeting held in Sanya，China on 17 May.

续表

类别特征	各主题代表性帖子
学校、教育类	This video shows that success is not an accident.It is 7：50 on the weekend in Shenzhen library，young people are learning new knowledge Shenzhen is China's largest migrant city，home to thousands of technology companies and 13m people from outside the city.
城市风光与文化类（美景、历史、文化）	Hongcun Village，a village in painting: Hongcun Village，located in Yixian County，Huangshan City，SE China's Anhui Province，is a picturesque rural village.It was built in the Northern Song Dynasty and was listed as a UNESCO World Heritage Site in 2 000.
网络安全类	Got robbed yesterday and just got a notification a few minutes ago that someone is trying to sign into my Apple account in Changsha，China.
体育、竞技类	Evergrande thrashed Shandong Luneng with 4–1 in Jinan.Sensational performance for Brazilian trio who took up the scores today（again）.
女性、时尚类	Today is the day...speaking with an exceptional group of women at the Sanya Forum in China.Time to activity the mind，body and soul!
科技创新类	Just arrived in Shenzhen – a city booming in commerce and digital enterprise– for our new office opening and Greater Bay Area client event tomorrow.Looking forward to breaking new ground with our Team China colleagues #DisciplinedAmbition
经济、股票、市场	Good #China morning.The Shanghai Composite Index up 1.7% as MSCI will expand the weight of Chinese shares from 0.72% to 3.3% in November.
各类混合（社会类、新闻类）	# 中国 # 第一家店“诚品生活苏州”今开幕，面积约 1.7 万平方米，是 # 诚品最大店面。
个人情感表达、心情类	Dad and I went to China.Met tons of incredible people.Got fat.Saw art. Gaungzhou.Shanghai.Beijing.Loved it.
体育、竞技类	The countdown to the JFC Tournament in Shenzhen，China is officially on!8 days until we step on that plane #TuesdayMotivation
美食类（咖啡、茶等）	This is what happens when you drink too much Baijiu 白酒 and then you're given plastic washer sleeves PLUS an apron for your hotpot dinner.Only in #China...#funtimes in #chengdu with the...
飞行、航空类	Long flight ahead!LA to Xiamen，China and then Kuala Lumpur，Malaysia!
政治类	Great summary of the bureaucratic impossibilities of reopening companies in China at the moment.The chop catch 22 is classic.We briefly had a similar issue.We needed docs to reopen the Shanghai bureau，but they were in the office，which we couldn't get into without the docs.

续表

类别特征	各主题代表性帖子
交通类	Most journeys on the colossal £bn waste of money that is #HS2 will travel at 320 km per hour.Some friends of mine have just came back from China having been on the 431 km per hour Shanghai maglev which started operation in 2002.The only thing HS2 excels at is fleecing the public.
艺术类（绘画、雕塑、文物、建筑等）	A painting exhibition showcasing a total of 72 masterpieces of the Ming Dynasty（1 368–1 644），which have been collected in Shandong Museum, is now on show in #Jinan.Go and take a look!#JinanArts
海洋、海边、海滨类	Gulangyu is an island in Xiamen on China's southeast coast.It is an Island renowned for its beaches，winding lanes，colonial–style architecture and a collection of interesting museums.But if you are feeling a tad adventurous, check out the bustling nightlife.#A Joy To Fly
商业、商品、商场类	At a shopping mall in #shanghai #china #baby shampoo.So cute!Bring your baby in for a swim.
制造类	Chinese EV maker #BYD surges nearly 6% in Shenzhen to hit a new record high.A gauge tracking auto sector gains 2.8%. China's NEV sales will account for 20% of all new car sales by 2025 and the share will rise further to 50% by 2035，said an industry body.
负面社会新闻类（踩踏、火灾、地震、事故等）	All the cases have been reported from China's Xinjiang province are in the regional capital Urumqi，and at least 269 people in the city have been put under medical observation.
动物类	The bamboo forests in China are threatened by destruction from roads, causing this unique species to be listed as Vulnerable.We works in collaboration the Chengdu Research Base of Giant Panda Breeding，a centre focused on panda conservation，to help increase their numbers!
风景、景点类	Zhangjiajie National Forest Park，China
摄影、照片类	Shenzhen，China.Here are some shots from my short term apartment in Shekou.
经济、金融类	More pain may be looming for China's smaller banks. Bank of Tianjin shares lost 12% in first two trading days
城市风景、景点类	The sunset moment at the Jinji Lake creates a harmonious atmosphere in Suzhou，East China's Jiangsu Province.

续表

类别特征	各主题代表性帖子
职业类（多数与教师有关）	Lol，my son works in Suzhou China as a teacher he earns more than he could here plus free accommodation and 2 flights home a year.
美食、饮食类	适合涮羊肉、喝白酒的天气 ~ @ Shijiazhuang，Hebei，China
城市生活（主要谈论各个城市的生活等）	Xiamen in China.6 boroughs.And 2 have a lot of sky scrapers.It's cleaner and smaller，but I guess similar.
哈尔滨类（帖子多与哈尔滨相关、大量涉及教堂）	Cheese platter for Sam Harbin's Memorial Service at First Baptist Church. RIP Sam.
杭州类	杭州纯电动公交颜值又高了　两个"猴赛雷"不见了
克拉玛依类（全是与克拉玛依相关的帖子，但无实际含义）	Here's to more stressful nights，competitions and sleepless nights.Happy birthday to my layout karamay.
乌鲁木齐类（大部分帖子与乌鲁木齐相关）、宗教类	I went to Urumqi spent 2 weeks with both Han and Uighur.Took a 24hr train ride all the way down to Pakistan border.But even if I didn't it's not that hard to be objective.
其他（全是与克拉玛依相关的帖子，但无实际含义）	okay lang yan meron kang Karamay..kung wala ka ng maintindihan...haha joke!
克拉玛依类（全是与克拉玛依相关的帖子，但无实际含义）	hello!#this is non profit between need Karamay.just pay 100 php per item!pls RT

第三节　帖文内容类别与传播效果特征分析

从帖文的类别分布来看，中国城市帖文各个类别的比例分布存在一定程度差异（表 2.4）。帖子类别排名前五的内容类别为：城市发展与特定城市，经济、金融、商业与就业，城市资源与风景，体育、娱乐活动、音乐演出与节日，以及城市文化、历史和艺术五类。

表 2.4　各个内容类别的分布比例

内容类别	分布比例
城市发展与特定城市类	13.76%
经济、金融、商业与就业类	13.36%
城市资源与风景类	9.95%
体育、娱乐活动、音乐演出与节日类	8.85%

续表

内容类别	分布比例
城市文化、历史和艺术类	8.58%
新闻与社会类	6.27%
城市一般基础设施类	6.16%
城市旅游基础设施与休闲娱乐类	5.72%
科技制造与创新类	4.88%
政治类	4.04%
照片与影视类	3.80%
个人心情类	3.53%
国际交流、合作与会议类	2.52%
学校与教育类	2.22%
人物与名人类	2.18%
美与时尚类	1.65%
新冠疫情类	1.12%
军事、武器与航空飞行类	1.09%
网络安全类	0.31%

从帖文的传播热度来看，中国城市帖文各个类别传播热度存在显著差异，热度排名前五的内容类别为体育、娱乐活动、音乐演出与节日，城市发展与特定城市，城市自然资源与自然环境，政治，城市一般基础设施（图 2.5、图 2.6，表 2.5）。

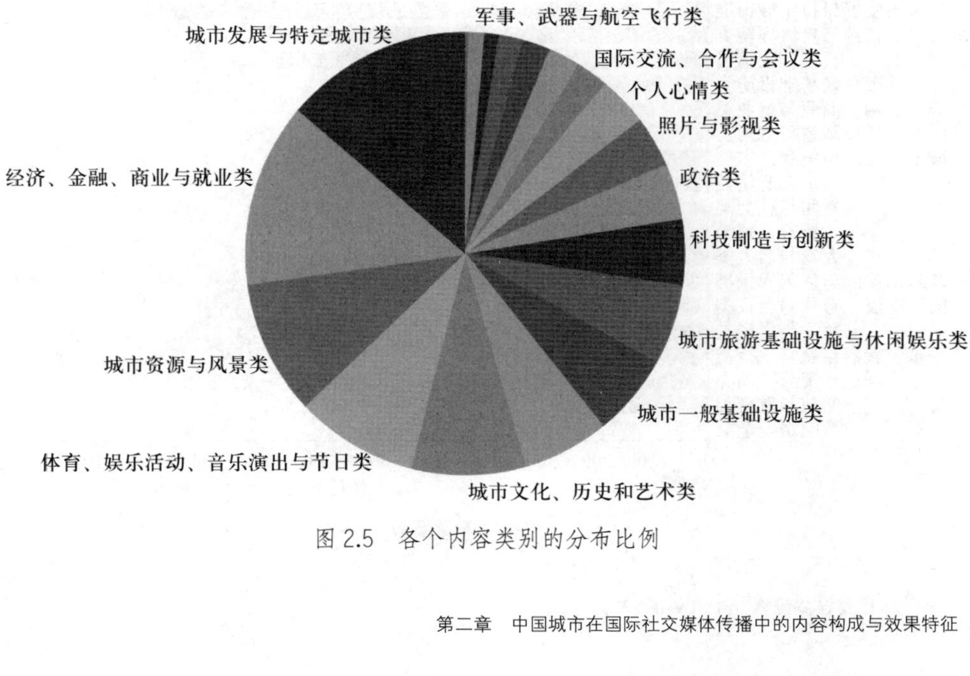

图 2.5　各个内容类别的分布比例

表 2.5　各个内容类别的传播热度

内容类别	传播热度
体育、娱乐活动、音乐演出与节日类	1 316.91
城市发展与特定城市类	1 050.05
城市资源与风景类	799.49
政治类	779.11
城市一般基础设施类	657.13
经济、金融、商业与就业类	626.48
科技制造与创新类	612.49
城市文化、历史和艺术类	602.05
个人心情类	553.09
新闻与社会类	510.16
新冠疫情类	420.34
人物与名人类	401.70
城市旅游基础设施与休闲娱乐类	307.62
国际交流、合作与会议类	274.52
照片与影视类	271.97
军事、武器与航空飞行类	197.96
美与时尚类	184.68
学校与教育类	159.31
网络安全类	0.40

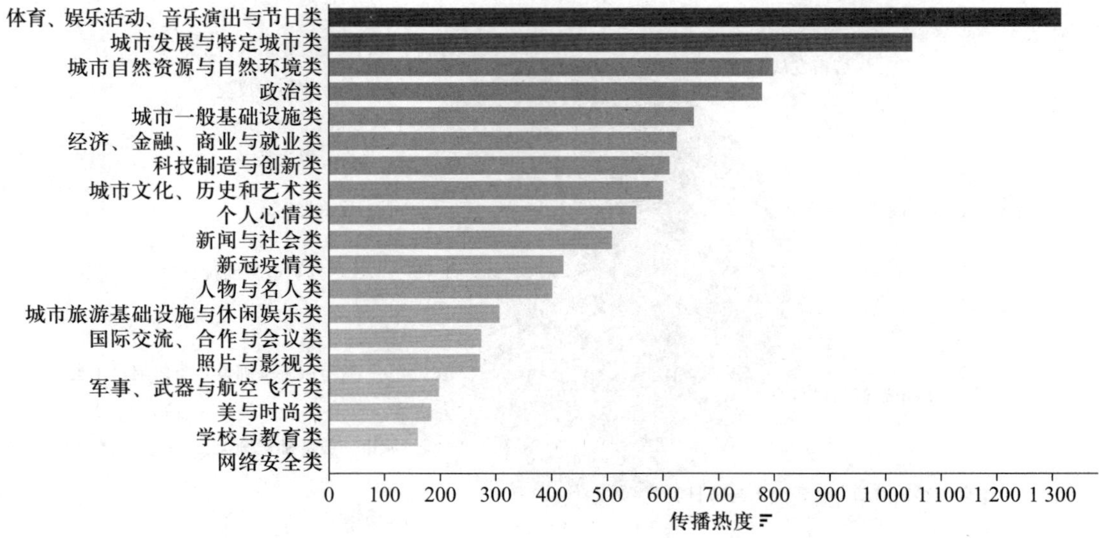

图 2.6　各个内容类别的热度

第三章　中国城市在国际社交媒体传播中的传者构成与热帖发布者特征[①]

传者主体是中国城市传播中的传者，关系到中国城市传播场域“谁在说”的问题。谁是中国城市传播场域中的传播主体？传播主体的传播力、活跃度、粉丝数、国家、职业具有怎样的分布性特征？最活跃的传播主体是谁？哪些传播主体的传播行为具有比较大的影响力？本章研究的思路是，根据中国城市相关的帖子内容得到帖子的传者，对传者的主体特征进行分析，并考察中国城市在国际社交媒体的传播中，传者具有什么样的结构和特征，传者的身份及其影响力如何，就城市热门帖文的传播者进行针对性分析。

第一节　传者发帖数量与活跃度分析

从样本城市的传播主体——用户的分布情况来看，2015—2020 年中国城市传播帖子的用户名一共有 137 842 个，总共传播了 788 032 帖子，平均每个用户名传播 3.2 条帖子；活跃度最高的前五个用户发帖数量分别为 7 010、4 920、3 012、2 737、2 199 条，发帖数量超过 2 000 条的用户有 6 个，其发帖数量累计占城市帖子总量的 2.78%；发帖数量超过 1 000 条的有 17 个，其发帖数量累计占涉华帖子总量的 4.75%；发帖数量超过 100 条的有 462 个，其发帖数量累计占涉华帖子总量的 18.07%；发帖数量超过 50 条的有 1 183 个，其发帖数量累计占涉华帖子总量的 24.30%；发帖数量超过 10 条的有 4 450 个，其发帖数量累计占涉华帖子总量的 43.8%；发帖数量超过 5 条的传播者有 25 682 个所发的帖子占比为 56.7%。非常活跃的用户（以发帖数量超过 50 个为标准）数量为 1 183 个，这 1 183 个传播主体在 6 年间总共发布城市相关帖子 191 479 条，占城市帖子总量不到 1/3，发帖数量超过 10 个的用户发帖总量占比 43.8% 还有超过 60% 的帖子，是由那些不是非常活跃的用户所转载和传播，发帖数量呈现出非常明显的“长尾分布”。或者说，城市帖子主要是由不活跃的用户所传播

① 本章为徐翔、余珺君共同完成。

的，传播行为体现出非常明显的草根特征，这正是社交媒体平台传播模式的突出特征：舆论领袖的数量并不多，舆论领袖和非常活跃的用户在自媒体界中的传播能量非常有限，决定传播结构的主要是那些不太活跃、数量众多的草根用户。

从用户活跃度的分布来看（表 3.1），只发过一个帖子的用户在发帖用户中占比 58.2%，发过 2 条帖子的用户占比为 17.3%，发帖数量小于等于 5 条的用户占比 91.8% 左右，只有 8.2% 的用户发帖总量超过 5 条。据此可以判断，在 Twitter 论坛上，绝大多数用户在大部分时刻是“默默无闻的围观者”，但是因为他们数量众多，又由他们传播、转载了大部分城市相关帖子。所以，那部分真正活跃的 8.2% 的用户，是 Twitter 上最活跃的主体，是进一步研究的重要对象。

表 3.1　用户发帖数量分布

发帖数量（条）	传播者数量（个）	占比
1	142 457	58.2%
2	42 292	17.3%
3	22 757	9.3%
4	11 447	4.7%
5	5 598	2.3%
6	4 099	1.7%
7	2 596	1.1%
8	2 083	0.9%
9	1 535	0.6%
10	1 189	0.5%
11	967	0.4%
12	863	0.4%
13	660	0.3%
14	515	0.2%
15	464	0.2%
16	416	0.2%
17	336	0.1%
18	334	0.1%
19	257	0.1%
20	241	0.1%
11 ~ 20	5 053	2.1%
21 ~ 50	2 375	0.6%

续表

发帖数量（条）	传播者数量（个）	占比
51 ~ 100	694	0.002 836 868%
101 ~ 200	273	0.001 115 944%
201 ~ 500	136	0.000 555 928%
500 以上	52	0.000 212 561%

第二节　传者粉丝数与影响力分析

从用户粉丝数来看，平均粉丝数为 43 395.75 个，粉丝数最多的前十个用户粉丝数分别为 1.4 亿、88 791 000、63 968 000、61 416 000、55 090 000、51 629 000、47 621 000、43 415 000、40 546 000、39 841 000。粉丝数量占比最多的区间是 101 ~ 500 个，用户数占比 23.8%，501 ~ 10 000 个粉丝的用户数，占比 12.81%，10 000 个以下粉丝的用户累计占比 51.3%。约有 11.49% 的用户粉丝数为 10 001 ~ 100 000 个，超过百万个粉丝数的用户占比为 18.41%。可以发现发布城市帖文的用户以草根用户为主，同时也有在 Twitter 中具有高影响力的意见领袖（表 3.2）。

其中，传者粉丝数最多的前十名为 Elon Musk、Narendra Modi、CNN Breaking News、CNN、The New York Times、BBC Breaking News、Real Madrid C.F.、NBA、Premier League、BBC News（World）。主要由西方主流媒体与名人以及知名体育赛事组织机构组成，包括 CNN、BBC、纽约时报等传统主流媒体，埃隆 · 马斯克、纳伦德拉 · 莫迪等名人，以及 NBA、英超联赛等知名体育赛事（表 3.3），这些反映了值得重视的传播者身份与类型。

表 3.2　用户粉丝数量分布

粉丝数量	频率	占比
1 ~ 50	12 072	9.70%
51 ~ 100	6 347	5.00%
101 ~ 500	26 775	23.80%
501 ~ 1 000	15 308	12.81%
1 001 ~ 10 000	39 972	0.90%
10 001 ~ 100 000	13 736	11.49%
100 001 ~ 1 000 000	3 697	3.09%
1 000 000 以上	4 575	3.83%

表 3.3　粉丝数排名前十的传者

用户 ID	粉丝数	账号属性	账号介绍
Elon Musk	1.4 亿	个人	无
Narendra Modi	88 791 000	个人	Prime Minister of India
CNN Breaking News	63 968 000	媒体机构	Breaking news from CNN Digital.
CNN	61 416 000	媒体机构	It's our job to #GoThere & tell the most difficult stories.
The New York Times	55 090 000	媒体机构	News tips? Share them here.
BBC Breaking News	51 629 000	媒体机构	Breaking news alerts and updates from the BBC.
Real Madrid C.F.	47 621 000	体育机构	Cuenta oficial del Real Madrid
NBA	43 415 000	体育机构	The NBA Conference Finals presented by @GooglePixel_US continue Tuesday on TNT!
Premier League	40 546 000	个人	The official twitter account of the Premier League
BBC News（World）	39 841 000	媒体机构	News，features and analysis from the World's newsroom.

第三节　传者国家分布特征

从国家分布来看，Twitter 中样本来自中国的传者占比 6.5%，国外传者占 68.5%，国家归属不详的占 24.9%。Twitter 中关于中国城市的声音，仍主要由国外传者所发出（表 3.4）。

表 3.4　传者国家分布特征

所在国家范围	频率	百分比
不详	34 452	24.9%
国外	94 449	68.5%
中国	8 941	6.5%
合计	137 842	100%

第四节 热帖用户特征分析

对每个城市取前 10% 的帖子作为最热门帖文，将发布这些热门帖文的用户视为关键影响力用户。热门帖文清洗、去重后共有 8 830 个有效用户。从热帖的发布用户来看，平均粉丝数为 409 589，粉丝数最多的前十个用户粉丝数分别为 25 712 000、12 042 000、6 693 000、201 000、117 000、114 000、22 000、21 000、18 000、1 975 000。粉丝数量占比最多的区间是 10 001 ~ 100 000，占比 32.03%，10 000 以上粉丝的用户累计占比 84.55%，超过百万粉丝数的用户占比为 23.96%。可以发现发布城市热帖的用户以高影响力的意见领袖用户为主（表 3.5）。粉丝数排名前十的用户为：Reuters、China Xinhua News、People's Daily，China、vincentyu.eth、Carl Zha、Hangzhou，China、The Silk Road、Jay in Shanghai 电动 Jay、SimonTour.com、Lijian Zhao 赵立坚。他们主要由媒体机构构成，发帖数最多的媒体机构为路透社，中国的主流媒体与名人在其中也占据一定声量，包括新华社、人民日报、丝绸之路、外交部发言人赵立坚，同时还包括企业机构特斯拉（表 3.6）。

表 3.5 热帖传者粉丝数分布

粉丝数量	频率	百分比
1 ~ 100	249	2.82%
101 ~ 1 000	1 098	12.44%
1 001 ~ 10 000	2 521	28.56%
10 001 ~ 100 000	2 827	32.03%
100 001 ~ 1 000 000	1 502	17.02%
100 000 以上	613	6.94%

表 3.6 热帖粉丝数排名前十的传者

用户 ID	粉丝数	账号属性	账号介绍
Reuters	25 712 000	媒体机构	Top and breaking news，pictures and videos from Reuters.
China Xinhua News	12 042 000	媒体机构	Public media for public good.We don't pursue corporate interests，nor yield to pressure of ideological stigmatization and political bias
People's Daily，China	6 693 000	媒体机构	The largest newspaper in China

续表

用户 ID	粉丝数	账号属性	账号介绍
vincentyu.eth	201 000	企业机构	Tesla $TSLA & SpaceX Investor ǀ ⟠ $ETH $BTC Hodler ǀ #BAYC #MAYC #CryptoPunks ǀ Founder & CEO of @Tesmanian_com
Carl Zha	117 000	个人	Host Silk & Steel Podcast on China，history，culture，politics
Hangzhou，China	114 000	媒体机构	Welcome to the official Twitter account of Hangzhou Municipal Bureau of Culture，Radio，TV and Tourism.
The Silk Road	22 000	个人	Photos of the natural scenery and historical relics along the Silk Road.
Jay in Shanghai 电动 Jay	21 000	企业机构	Tesla Model S Owner – Founder of Tesla Expat Owners Group.Follow us for Latest EV News and Awesome Videos of Tesla/EV in China.
SimonTour.com	18 000	个人	This is the official account for Simon Tour Inc. Stay tuned in for more.
Lijian Zhao 赵立坚	1 975 000	媒体机构	Deputy Director–General，Department of Boundary and Ocean Affairs

从热帖发布者的国家分布来看，Twitter 中样本来自中国的传者占比 0.71%，国外传者占 14.7%，国家归属不详的占 84.9%。Twitter 中关于中国城市的热门声音，仍主要由国外传者所发出（表 3.7）。

表 3.7　热帖分布用户国家分布

所在国家范围	频率	百分比
不详	7 497	84.9%
国外	1 299	14.7%
中国	63	0.71%
合计	8 829	100%

从热帖发布者的职业分布来看，排名前列的职业为媒体和新闻公司 / 记者 / 媒体人物，科技，娱乐和休闲，教育，体育、健身和娱乐，社交媒体影响者，非政府组织和非营利组织，企业家，航空，旅行和交通。这些是对外传播中值得重视的、可以借助的力量。其主要特点是媒体、文化、技术领域的影响者（表 3.8）。

表 3.8 热帖用户职业排名前十

职业介绍
媒体和新闻公司 / 记者 / 媒体人物
科技
娱乐和休闲
教育
体育、健身和娱乐
社交媒体影响者
非政府组织和非营利组织
企业家
航空
旅行和交通

第五节 小 结

许多研究指出，国际主流媒体、发达国家的用户往往主导着与中国相关的热门内容。近代以来，中国城市的国际传播主要通过媒体报道进入西方社会（陈云松 等，2015），而国际主流媒体对中国城市的报道与呈现往往存在倾向性与片面性。Sevin 对纸媒中城市形象呈现的研究发现，城市的软特征——如人、自然和环境、文化和娱乐——都被忽视了，没有被纸媒捕捉到。北京被涵盖在体育或政治和外交的框架内，深圳则被纳入经济和商业的框架（Xue et al.，2012）。Xiang（2013）通过实证研究发现美国和英国的媒体机构和用户主导着社交媒体信息领域，国际主流媒体在中国国家形象的建设中发挥着重要作用，发达国家的用户有潜力在社交媒体平台上引领关于中国的讨论。相德宝（2012）对十几种国际自媒体平台的研究也发现，发达国家受众是形塑自媒体涉华舆论的主要力量。相德宝（2015）对国际自媒体 Twitter 涉华舆论领袖传者特征及其影响力进行研究发现，相对于个人用户，组织成为国际自媒体 Twitter 涉华舆论的传播主体。兴趣小组、媒体、企业及非政府组织是涉华舆论组织的主要类型。涉华舆论传播者主要来自美国、加拿大、中国和日本等国家，以媒体从业人员为主。龚为纲等发现 Reddit 涉华舆情的传播模式与国际自媒体的用户构成有关，也与西方主流媒体在自媒体中的“舆论领袖”地位有关，在该平台上用户主要转载来源于西方主流媒体的信息，而转载来源于中国媒体的信息数量却极少。

从传播主体的角度看，Twitter 媒体平台上与城市有关的帖文传播主体、活动主体主要是发达国家的网民，主要舆论领袖为西方主流媒体与名人，体育赛事机构与企业机构也是发帖的重要主体。目前中国城市形象以他塑为主，中国自我塑造的力量还相对微弱。城市帖文相当部分源于西方主流媒体，同时以传播西方主流媒体的信息为主，专门转载中国媒体信息的传播主体的数量非常少。造成这种困境的原因在于：由于国际社交媒体以英文为主，中国网民在国际自媒体上的活动参与较少，导致国际社交媒体上中国网民的声音极为微弱，进而使得在国际社交媒体上，活动主体以西方国家的网民为主，他们有英文的语言优势，平时所接触到的信息以西方主流媒体为主，故而所转载的信息以西方主流媒体为主，导致国际自媒体上的声音主要来自西方主流媒体。

从热帖发布来看，我国媒体发布热帖数量较多，一定程度上有助于引领关于中国城市的讨论。近年来中国主流媒体在城市国际传播领域的声量在增加，这也与 2012 年之后中国所制定的一系列对外宣传战略有关系。为了加强中国国际传播能力建设，2012 年之后，中国加大了对外宣传的力度，“讲好中国故事”“传递好中国声音”等一系列措施都发挥了积极有效的作用，来自中国的媒体如新华网、人民日报等在热门帖文中的声音更加有力。

第四章 中国城市在国际社交媒体传播中的内容趋同现象及其特征[①]

本章提出并检验中国城市在传播中的内容趋同现象，并对这种传播现象的趋势与类别特征进行分析。在对中国城市在国际社交媒体传播中的内容类别进行聚类与分类的基础上，首先，对中国城市内容"热趋同"的类别特征进行分析，然后在计算出每一个城市的热门内容朝向何种内容类别趋同的基础上，对中国城市内容"热趋同"的类别特征进行总结。

第一节 中国城市在传播中的内容"热趋同"现象

一、文献回顾

（一）国际社交媒体平台中的城市内容呈现

社交媒体平台在塑造我们对城市的感受与想象的过程中发挥着越来越重要的作用。对于城市在社交媒体平台中的呈现特点，一些观点认为，由于社交媒体为城市形象传播提供了"流动空间"，用户能够在此空间中呈现更多关于城市的丰富形象元素（周翔 等，2019）。但多数研究发现，城市和社交媒体之间的界面就像一层薄膜（马缘园，2021），会对信息进行过滤，使社交媒体平台对城市的呈现存在一定偏向性与趋同性。例如：Huang等（2021）通过实证研究发现，有风景或有人气的地方在Twitter上被提到得更加频繁，建筑地标和著名景点提到得则更少；Zasina（2018）对Instagram平台上波兰一座城市的图像进行研究，发现平台中的内容着重呈现美学和风景如画的地方和物体，与现实生活中这座城市的原型相比，在Instagram上的城市形象似乎更有选择性。

① 本章为徐翔、余珺君共同完成。

上述两种观点也存在于中国城市在国际社交媒体中的呈现的相关研究中。例如：有学者认为社交媒体的开放性、参与性、对话性、复向传播性等特质，有助于塑造开放、多元的国际新形象（栾轶玫，2012）；基于国际社交媒体中用户发布的海量与城市相关的帖子进行分析，也可以归纳出用户发布内容的多样性（杨凯 等，2020）。但许多研究发现，国际社交媒体中长期存在着用户内容发布的同质化、偏倚性与刻板印象。例如：马诗远等（2021）对海外三大主流社交媒体（Twitter、Facebook 和 Instagram）上发布的与北京相关大量帖文进行研究，从贴文数量在不同城市形象中的分布比例可以看到，发现北京表现出显著的政治形象，而其他类型的形象在社交媒体平台中的影响力都有所减弱，不同维度的城市形象出现了严重的失衡现象；宋凯（2020）对国外社交媒体平台的数据进行分析也发现，国外受众对于北京文化的讨论普遍集中在传统文化方面，比如京剧、北京美食、古建筑等；Jovcheski（2019）对 Instagram 中上海的城市形象与用户感知进行研究发现，精心策划的 Instagram 账号主页投射出的上海形象与这些账号的粉丝感知到的上海形象是一致的，这些主页大多展示了上海的城市面貌，强调建筑和地标，这些视觉属性也能获得最大的粘性；刘晶（2020）基于国际大型线上新闻语料库 NOW 中 19 个不同国家的主流媒体在 2010 年至 2017 年之间涉及杭州的报道数据建成目标语料库，发现这些语料库塑造的杭州城市形象相对薄弱和单一。

（二）社交媒体平台的媒介逻辑与内容趋同

媒介逻辑是指定义、选择、组织、呈现和识别信息的格式、规则或代码（Altheide，1979）；Van 等（2013）在此基础上提出社交媒体逻辑，这一逻辑与平台处理信息、新闻和交流的特定规范、原则和实践有关，包含可编程性、流行度、连接性和数据化四个要素；Klinger 等（2015）提出网络媒介逻辑的概念，研究了网络媒介具有的核心要素——社交媒体平台上的传播规则 / 格式；Hjarvard（2018）对媒介逻辑的研究进行回顾，认为媒介逻辑总体上指的是不同媒体 / 媒介特有的制度规则和资源。从交流的意义上说，它比更精确但繁琐的制度规则和资源的拟订更直观。例如，社交媒体中的正式规则包括规范此类媒体（如版权）使用的法律，而非正式规则则是发布和点赞信息的社会规范。社交媒体平台通过设置不同的规则、机制影响信息流动以及用户的社交互动、信息选择。平台本身也越来越热衷于标准化自己的指标，网络流行的逻辑存在于 YouTube 上“被观看最多”视频的横幅广告、Facebook 上的好友统计数据或 Twitter 上的粉丝数（Van et al.，

2013)。在此基础上，社交媒体平台中每条信息具有的影响力、传播效果都可以用该平台提供的一套标准化的“热度”指标进行衡量（譬如观看数、点赞数、评论数等），而这些指标的高低差异，不仅反映出信息在平台中的传播热度差异，也是社交媒体平台的媒介逻辑在信息流动与传播过程中的具体体现。通俗地说，在社交媒体平台中，信息的生产与传播就像一场无形的“流量竞赛”，每条信息都在平台设置的一系列特定规则、制度之下流动与呈现，但在这个过程中总会有胜负之分，而传播热度越高的信息则在这场“信息流量”比赛中胜出，这些信息也可以被认为在社交媒体中具有更好的传播效果，也更加“适应”“符合”社交媒体逻辑。

一些学者从这一视角出发，对社交媒体中内容的偏向性与趋同性问题进行了理论思考与实证检验。徐翔等（2021）认为，在社交媒体中，社会信息的重复和封闭不是笼统而抽象的，而是存在着深浅程度的变化，其中内容在媒介中的传导程度是重要的动因之一。一些实证研究也证实了内容的偏向性与同质性和传播热度之间存在的关联性，例如：Li Nan 等（2014）研究了搜索引擎中的帖子内容与其内容排序之间的关系，发现高排名、高“热度”的内容较集中，而可见性较低的搜索关键词则呈现出更多样的图景；韦路等（2014）对新浪微博的研究发现，微博集中度与传播热度显著相关；Hodson 等（2019）使用 Twitter 进行定性与定量内容分析，发现流行标签下的内容更具有同质性，最受欢迎的推文往往会重复占主导地位或有影响力的声音已经发过的推文；徐翔等（2021）对今日头条平台信息的研究发现，网络信息会随着传播热度的变化展现出对应的同化、封闭，越是热门的信息趋同程度越强烈。舆论作为对某一事件或问题更具有代表性和传播热度的意见，舆论的趋同性也能为内容趋同的媒介逻辑提供一定参考。何敏华等（2010）发现随着时间的推移，系统中的舆论演化表现出很强的趋同效应；Wu 等（2011）发现了社交媒体在具有广泛互动的活动（如政治事件）中会使舆论趋同；从讯息传播的层面，高热度的舆论讯息具有更强的“议程设置”效力（麦库姆斯，2018），会促动与自己相似的讯息的生产与扩散，增强媒介中热门议题的相似性。

这种媒介逻辑关系到内容趋同的动态化机制。借鉴媒介逻辑的视角，不同内容的传播热度差异背后体现着社交媒体平台的媒介逻辑，而这种媒介逻辑也会在一定程度上影响内容趋同程度。对于中国城市国际社交媒体传播而言，内容在传播中产生的热度差异这一动态条件，以及由这种动态差异性带来的趋同程度的差异也不能忽视。

（三）国际社交媒体中国城市热门内容趋同的影响因素

对于中国城市而言，在国际社交媒体中，国际主流媒体、发达国家的用户往往主导着与中国相关的热门内容。例如 Xiang 等（2013）通过实证研究发现美国和英国的媒体机构和用户主导着社交媒体信息领域，国际主流媒体在中国国家形象的建设中发挥着重要作用，同时发达国家的用户有潜力在社交媒体平台上引领关于中国的讨论。国际主流媒体对中国城市的报道与呈现往往存在倾向性与片面性，由于大部分国际受众对于中国城市形象的认知主要依赖于媒体传播的议程设置和框架功能（Xue et al.，2012），因此国际主流媒体对于中国城市的偏向性报道与描述也会对国际社交媒体信息场域对中国城市热门内容的趋同带来影响。

国际社交媒体中关于某一城市的热门内容，基本上囊括了平台用户对于该城市关注与讨论的重点内容，成为城市“舆论”的缩影。而长期以来，国际社交媒体中涉华舆情、舆论都存在内容偏向性。龚为纲等（2019）发现美国涉华舆情延续了传统东方主义话语的内涵，将中国建构成专制主义的、人权问题突出的、对西方充满挑衅和威胁的形象，而东方主义话语在全球的国别和地区分布具有很强的规律性，兼具有“核心—边缘”结构与“文化圈群”结构的分布特征。在国际社交媒体涉华舆论的趋同化以及传统东方主义话语广泛分布的讨论语境中，与城市相关的内容也会在一定程度上受到影响。

国际社交媒体平台的流量逻辑、算法推送、过滤气泡与回音室效应、平台技术逻辑与文化偏向也会影响城市热门内容的呈现。随着社交媒体平台在深度嵌入公众的日常生活与社会交往过程中“基础设施化”，平台媒体会通过算法、平台的“流量逻辑”对“能见度”进行控制（郭小平 等，2021）。特别是在跨国传播中，平台中的算法会根据国家政治与意识形态的需要调节信息的可见性，进而影响公众对其他国家的看法与印象。例如 Tuitter 等美国互联网平台中关于中国的内容负面色彩浓厚，其中含有过多极端情绪化的信息，挤压了理性信息的传播空间，影响了其他内容的可见性（匡文波，2021）；学者陈文泰等（2018）指出，国际社交网络中的“回音室效应”会对国家形象的演化产生影响，包括片面国家形象的强化机制和真实国家形象的消解机制；马诗远（2021）指出，城市国际形象在社交媒体平台上的“现”与“不现”、呈现方式，都是由社交平台所控制的，而内容的呈现及其效果也会受到社交媒体平台自身的技术逻辑、文化偏向影响；通过研究海外三大主流社交媒体（Twitter、Facebook 和 Instagram）上发布的与北京相关大量贴文中的北京城市形象，发现 Twitter 上关于北京的政治内容居多，而 Instagram 却以文化风采见长。

总体而言，媒介逻辑下的信息热度差异会影响信息趋同程度差异，而高热度内容本身呈现出一定的主题偏向性；主导城市场域的媒体、发达国家用户在刻板印象的影响下也容易走向单一，产生多样性的消减、内容同质化的增强；涉华舆论的舆论极化现状也影响着城市舆论与城市热门信息的走向。这些都会影响高低热度贴文趋同程度的差异。

综合国内外相关文献可以看出，近年来有关社交媒体中的城市内容趋同与形象偏向性已经引起学者的多层面关注，为本章研究提供了必要而有益的基础。然而，也要看到，现有研究成果还存在着一些亟待加强深化之处：①对于国际社交媒体上中国城市内容趋同的发展趋势的专门研究较为缺乏。现有的研究或是基于内容数量分布比例的差异研究内容偏向性问题，或是局限于对传播效果较好的内容类型特征进行描绘与总结，并未对不同内容的传播热度进行区分，也并未对具有不同传播热度的内容中内容主题比例分布的多样化或单一化的发展趋势进行考察。②当前对于城市内容偏向或内容趋同性的探讨多局限于单一城市的分析，主要以北京、上海、广州等一线城市为个案进行研究，缺乏从整体性、关系性视角对全国城市进行系统性、整体性的关联性分析，也缺乏对于不同城市内容趋同现象背后的个性与共性特征的关注。③目前对于中国城市传播内容趋同现象的影响因素与形成机制的研究较为零散。在国际社交媒体中，中国城市的相关内容如何在内容的传播、扩散的过程中走向趋同，其背后具有怎样的形成机理，仍然是亟待深入研究的问题域。

二、研究设计

1. 研究问题与核心假设

“趋同”一词在现代汉语词义中指的是趋于一致。本书把国际社交媒体中，中国城市帖文之间的内容相似化现象代称为内容趋同。沿着内容趋同、社交媒体平台的媒介逻辑、传播热度与内容趋同的逻辑路径，针对国际社交媒体平台推特的平台语境，将中国城市传播内容的趋同，以及内容在遵从媒介逻辑流动过程产生的传播热度差异进行综合考察。提出关于中国城市在传播中的内容趋同现象的核心问题：中国城市帖文在推特中的传播热度，是否以及如何影响着贴文内容的趋同程度？

结合上一节的分析，提出本章的核心研究观点与研究假设：针对国际社交媒体中与中国城市相关的帖子而言，帖子的内容趋同程度与帖子的传播热度之间具有正相关性。

2. 内容趋同程度的测量：信息熵

将每条帖子转为向量后，通过 K-means 算法聚为 50 类，并通过信息熵计算每条帖子蕴含的信息丰富度，计算方法为：

$$E_{\text{Entropy}}(X)=\sum_{n=1}^{n}-p_i\log_2 p_i \tag{4.1}$$

信息熵能够反映内容的类别丰富度的变化态势，信息熵越高，信息纯度越低，信息丰富度越高；信息熵越低，信息纯度越高，信息丰富度越低。目前许多研究都通过香农熵来测量衡量信息的多样性（Sasahara et al.，2021；Gillani et al.，2018）。

3. 对核心假设的检验方式

对各个城市进行其“平均热度”和“信息熵”的相关系数检验。首先对每个城市的帖子按照归一化后的传播热度进行分层。采取各层帖子数量相等的等频均匀切分的方式，避免各层级计算口径不一致。将一个城市的所有帖子划分为从低到高的热度层级，每层的帖子计算它们传播热度的平均值作为该层的热度“质心”Hx，各层的热度质心构成的序列可代称为 F。

对各个城市进行“平均热度”和“信息熵”的相关系数检验（图 4.1）。将 30 个城市的帖子按照传播热度的高低等频分为 k 层（本书选择 k=50），并计算 50 层帖子组 Gx 其内部的信息熵 R（Gx，Gx）。然后通过计算该层帖子的信息熵 R 与平均热度 Fx 之间的相关系数，验证二者是否存在显著负相关关系。

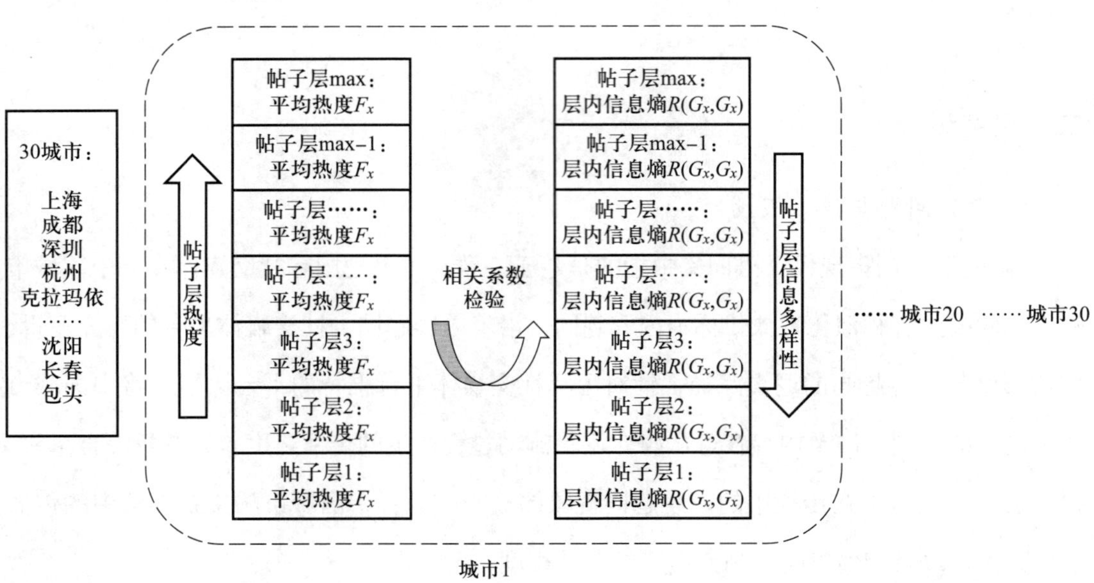

图 4.1　对核心假设的检验方式

三、研究结果：中国城市在传播中的内容“热趋同”发展趋势

将 30 个城市的帖子按照传播热度划分为 50 层，对每层内容的平均热度与信息熵进行相关系数检验。皮尔逊相关系数的结果显示，30 个城市中除了南昌、长春、包头、济南、哈尔滨这 5 个城市外，其他 25 个城市表现出显著的负相关性，也即，随着城市传播热度的增加，帖子内容的多样性程度明显降低。这一结果说明本研究的核心假设能够得到验证，也即针对国际社交媒体中与中国城市相关的海量帖子而言：帖子的内容多样性程度与帖子的传播热度之间呈负相关性。传播热度越高的帖子内容的多样性越低，内容趋同程度越高。这种内容趋同发展趋势在随机抽样的中国城市是普遍存在并且能够经受统计检验的（表 4.1）。

表 4.1　内容“热趋同”态势的检验结果

城市	热度与信息熵的皮尔逊（Pearson）相关系数
深圳	–0.79**
上海	–0.75**
石家庄	–0.75**
天津	–0.73**
榆林	–0.73**
三亚	–0.72**
沈阳	–0.72**
克拉玛依	–0.69**
珠海	–0.69**
苏州	–0.68**
厦门	–0.67**
乌鲁木齐	–0.66**
长沙	–0.59**
黄山	–0.57**
成都	–0.53**
张家界	–0.51**
昆明	–0.51**
南通	–0.51**
大连	–0.41**

续表

城市	热度与信息熵的皮尔逊（Pearson）相关系数
海口	–0.39**
盘锦	–0.37**
杭州	–0.36**
西安	–0.33**
郑州	–0.33**

注：** 表示相关系数通过 5% 水平的显著性检验。

上述结果表明，国际社交媒体中的城市传播内容趋同并非无差别的、均等的，而是存在着随着传播热度上升、内容趋同程度不断加深的趋势。可将这种随着传播热度上升，内容多样性降低、内容趋同程度上升的现象与规律称为“热趋同”。“热趋同”的现象和规律说明，国际社交媒体中国城市传播的内容趋同呈现“金字塔型”的分布规律，也即，传播热度每提高一个层级，则内容多样性的程度就有所降低，内容趋同的程度有所增加，这种规律是能够经受统计学检验的。

对我国不同等级、不同区域、不同类型的 30 个城市历时六年的传播数据进行实证分析，证实了传播内容趋同与与传播热度之间存在的共变逻辑。研究的核心创新点在于：首次明确提出并证实了国际社交媒体中，中国城市传播普遍存在的内容趋同及其分布规律。这并非单一或个别城市的传播内容趋同现象，而是中国城市整体存在的、与传播热度及其体现的媒介逻辑密切相关的内容趋同发展态势。

一方面，城市国际社交媒体传播中的内容趋同及其发展、演变规律，可能蕴含着“越传播，越趋同”的内在风险与传播约束。当前，中央和地方政府在推进国际传播能力建设，提升国际传播效果上耗费了巨大的传播资源。但是，在国际社交媒体中产生良好传播效果的内容，往往不是差异化、多样化的，而是具有走向同质化的趋势。这种内容的趋同及其发展态势可能会导致国际社交媒体中，与某一城市相关的有效传播讯息始终被束缚在同质化的内容领域之中。有限的同质化内容将获得越来越多的“可见性”与关注度，其他丰富的内容则在这个过程中失去能见性与流动性，从而使中国城市陷入“越传播、越趋同”的传播困境之中，难以呈现“真实、立体、全面”的城市形象。另一方面，国际社交媒体中与城市相关的热门内容走向趋同而非多样化，也有助于我们增强从城市文化和城市实体形象的多样性，到城市媒介形象和网络空间的城市传播多样性维度的反思。城市的规划与设计强调多样性，多样性是城市可持续发展的核心要素（仇保兴，2012）。正如著名美国城市规划学家简·雅各布斯（2005）强调“多样性是城市的天性”：“城市多样性的产生，无论来自何方，都和一个事实相关：即城市拥有成千上万的人口，而他们的兴趣、品位、需求、感觉甚至偏好又都是五花八门和千姿百态。”城市规划建设领域的多样性包括城市景观格局多样性、城市空间形态多样性、城市文化生态系统多样性等（沈清基 等，2009；侯鑫，2006），这些都指向了城市形象客观层面的多样性。但正如澳大利亚学者斯科特·麦奎尔（2013）所言，“21 世纪的社会生活日益成为生活在媒体城市中的生活”，随着“媒介城市”越来越成为城市的重要部分，社交媒体中以文本、数据等对城市进行“再现”与描述的“媒介形象”却走向了热门与有效内容的同质化。人们本该关注并欣赏每个城市展现出来的多元性与丰富性，但物理意义上的多样化城市却被媒介意义上的趋同“城市”所限制，导致城市形象始终难以得到多样的呈现。

基于此，对于城市国际传播而言，国际社交媒体城市传播中的内容趋同及其媒介逻辑作为传播现实，需要政府及相关部门重视，采取针对性的传播策略。首先，要加强对于国际社交媒体中与中国城市相关的传播内容及舆情监测，并积极主动地输出中国城市自己的声音与故事。各城市要善于主动引导与城市相关的热门话题，成为国际社交媒体城市场域议题的设置者与议程的引导者，掌握话语权。其次，在传播过程中要努力实现传播有效性与传播丰富性两者的结合。协调好传播内容的集中性、话题性与题材、内容的丰富性之间的矛盾，避免过度迎合平台的热门话题或流行的内容及话语风格，而是充分地将城市景观、空间格局、产业生态、历史人文等多元化的实体城市形象素材以社交媒体平台喜闻乐见的呈现方式进行传播，全面、多元地展现中国城市形象。

最后，在国际传播中往往注重提升传播效果。但是对城市传播而言，充分有效的传播就一定是好的吗？当内容充分流动，并产生良好的传播效果之后，是否就一定能够带来城市形象的充分展现？还是会导致城市的多样性在产生良好传播效果的过程中被逐渐遮蔽？这也是城市传播内容趋同及其媒介逻辑留给我们需要做的理论反思，也是重要的实践反思。

第二节　中国城市在传播中的内容“热趋同”特征

基于中国城市在传播中的内容“热趋同”发展趋势，以及中国城市帖子内容的聚类与分类结果，测量、归纳并总结出不同城市随着传播热度上升趋同的内容类别。然后，通过将各个城市的内容“热趋同”类别与各个城市的帖子类别分布比例进行，并对城市间内容“热趋同”类别的情况进行统计与归纳，我们将对内容“热趋同”的类别特征进行分析与总结。

一、测量方式

延续上一部分对帖文的热度分层结果，依次测量三十个城市“各个热度层的帖文在各个内容类别之间的占比”与该热度层“传播热度”之间的统计相关性，研究不同城市的帖文随着传播热度的上升会朝向哪些内容类别发生趋同（图 4.2）。

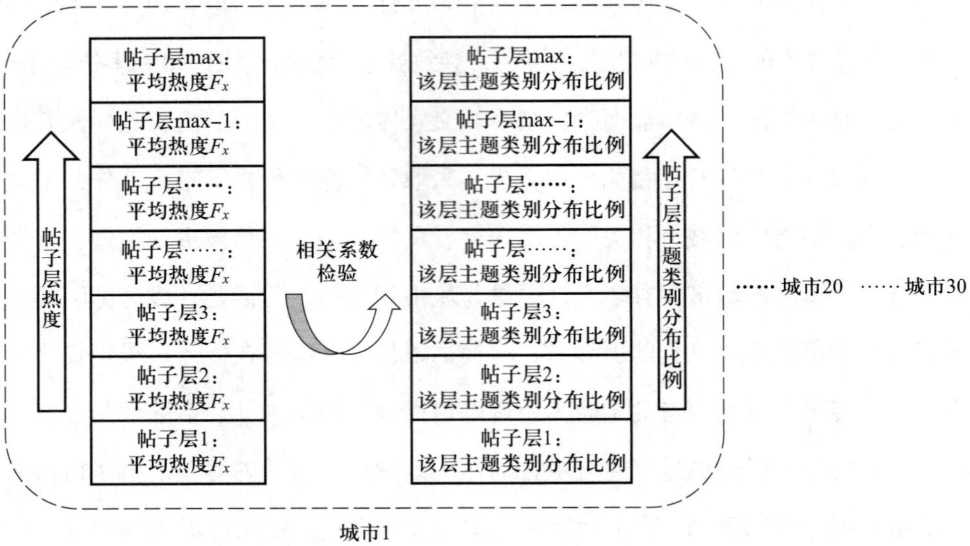

图 4.2 内容“热趋同”类别特征的测量方式

二、内容“热趋同”类别特点

1. 中国城市内容“热趋同”类别的集中性

从不同城市在各个内容类别中的帖子数量分布比例，以及随着传播热度上升趋同的内容类别及其特征的数据分析结果来看（完整结果见附录 B），三十个城市中除了克拉玛依（97.26% 帖子属于城市发展与特定城市类）、张家界（62.04% 帖子属于城市资源与风景类）、黄山（52.78% 帖子属于城市资源与风景类）、盘锦（80.82% 帖子属于城市资源与风景类）在帖子分布比例上具有明显的不均衡性与内容偏向性，其他城市的帖子内容在各个类别中均有一定分布，这说明各个中国城市的帖子内容总体而言是具有多样性的。但是随着传播热度的增加，各个城市的帖子都呈现出朝向少数内容类别的趋同。其中，一些城市的内容“热趋同”缺乏城市特色，例如昆明、大连、长沙、珠海、长春、盘锦、榆林，这些城市的独特性、其独特的资源和历史文化等丰富的传播内容都随着传播热度的增加而被缺乏特色的内容类别所遮。而另一些城市则展现出了带有鲜明城市特色的个性化趋同，例如张家界朝向城市资源与风景内容类型的趋同，是符合城市性质及其定位的，也与张家界主动打造以“景点”为特色的旅游城市的宣传目标相吻合。

尽管每个城市内容“热趋同”的类别并不完全一致，但在三十个城市中有约三分之二及以上的城市随着帖子传播热度的增加，朝向体育、娱乐活动、音乐演出与节日，政治，新冠疫情这三类内容发生趋同，显示出内容“热趋同”类别的集中性。其中，有 25 个城市表现出朝向体育、娱乐活动、音乐演出与节日类主题的趋同。具体来看，体育、娱乐活动、音乐演出与节日类主题下包括三个子主题，20 个城市表现出朝向体育、竞技类主题的趋同，16 个城市表现出朝向音乐、演出类主题的趋同，5 个城市表现出朝向娱乐、活动（比赛仪式展览等）类主题的趋同，说明城市的赛事、演出、活动在推特（Twitter）中具有较高的热度和吸引力；政治类别主题下包括两个子主题，其中 15 个城市的政治敏感类主题趋同，12 个朝向与中国的政体、政府的政策以及与政治相关的事件这类主题的趋同，这进一步说明，政治类话题在中国城市传播的语境之下依然是用户关注并热议的重点。还有半数以上的城市随着传播热度的上升，朝着“人物与名人”“个人心情”“军事、武器与航空飞行”以及“城市发展与特定城市”“国际交流”“合作与会议”。这六类主题趋同。还有三分之一的城市朝着城市一般基础设施，城市资源与风景，城市文化、历史和艺术这三类发生趋同。其他类型的主题也有部分城市趋同，但相对而言涉及的城市较少（表 4.2）。

表 4.2　城市内容类别与表现出内容“热趋同”的城市数量

内容类别	该内容类别表现出内容“热趋同”的城市数量
体育、娱乐活动、音乐演出与节日	25
政治	20
新冠疫情	19
人物与名人	18
个人心情	17
军事、武器与航空飞行	17

续表

内容类别	该内容类别表现出内容“热趋同”的城市数量
城市发展与特定城市	16
国际交流、合作与会议	16
城市一般基础设施	13
城市资源与风景	13
城市文化、历史和艺术	11
经济、金融、商业与就业	9
美与时尚	9
新闻与社会	8
学校与教育	8
照片与影视	4
科技制造与创新	2
城市旅游基础设施与休闲娱乐	0
网络安全	0

2. 内容趋同类别与内容“热趋同”类别之间的差异

通过对各个城市在各个内容类型的分布比例（见附录B），以及内容“热趋同”的类别（见附录A）进行对比可以发现，这二者之间存在差异。帖子内容分布比例的偏向与内容“热趋同”的类别尽管存在着一致性，但多个城市的数据分析结果表明，以帖子数量分布比例为衡量指标的内容趋同类别，与随着传播热度上升而形成的帖子内容“热趋同”类别之间存在差异。例如城市资源与风景类这一内容主题的帖子占据盘锦总帖子的83.07%，但是盘锦的内容却朝向新闻与社会，体育、娱乐活动、音乐演出与节日这两类内容类别发生着“热趋同”，这两类主题仅占帖子总数的3.05%和1.19%。同时，我们也发现作为不同城市内容“热趋同”的共性类别：政治，体育、娱乐活动、音乐演出与节日，新冠疫情这三类主题，尽管在各个城市中数量占比不多，但随着传播热度的上升，在热门内容中的占比普遍较高。因此，对于中国城市国际传播而言，我们不仅需要考虑内容趋同现象与类别，更有必要考虑进一步考虑内容“热趋同”的现象与问题（表4.3，表4.4）。

表 4.3　各个内容类别的分布比例

对应总类别	分布比例
城市发展与特定城市类	13.76%
经济、金融、商业与就业类	13.36%
城市资源与风景类	9.95%
体育、娱乐活动、音乐演出与节日类	8.85%
城市文化、历史和艺术类	8.58%
新闻与社会类	6.27%
城市一般基础设施类	6.16%
城市旅游基础设施与休闲娱乐类	5.72%
科技制造与创新类	4.88%
政治类	4.04%
照片与影视类	3.80%
个人心情类	3.53%
国际交流、合作与会议类	2.52%
学校与教育类	2.22%
人物与名人类	2.18%
美与时尚类	1.65%
新冠疫情类	1.12%
军事、武器与航空飞行类	1.09%
网络安全类	0.31%

表 4.4　各个内容类别的传播热度

内容类别	传播热度
体育、娱乐活动、音乐演出与节日类	1 316.91
城市发展与特定城市类	1 050.05
城市自然资源与风景类	799.49
政治类	779.11
城市一般基础设施类	657.13
经济、金融、商业与就业类	626.48
科技制造与创新类	612.49
城市文化、历史和艺术类	602.05
个人心情类	553.09

续表

内容类别	传播热度
新闻与社会类	510.16
新冠疫情类	420.34
人物与名人类	401.70
城市旅游基础设施与休闲娱乐类	307.62
国际交流、合作与会议类	274.52
照片与影视类	271.97
军事、武器与航空飞行类	197.96
美与时尚类	184.68
学校与教育类	159.31
网络安全类	0.40

第三节 小 结

本章提出并检验了中国城市在传播中的内容“热趋同”现象。我们从媒介逻辑视角切入，对城市帖文内容主题分布比例随帖文传播热度上升而产生的变化趋势进行考察。研究结果表明，中国城市的内容趋同程度并非无差别的、均等的，而是存在随着传播热度上升、内容趋同程度不断加深的趋势。我们用“热趋同”来描绘这一内容趋同发展趋势，也即随着传播热度上升，内容逐渐消减多样性和异质性，更加趋于相似化、重复化的现象与态势。

在对中国城市国际社交媒体传播中的内容类别进行聚类与分类的基础上，我们对中国城市内容“热趋同”的类别特征进行分析。在计算出每一个城市的热门内容朝向何种内容类别趋同的基础上，对中国城市内容“热趋同”的类别特征进行总结。研究发现，中国城市内容“热趋同”类别具有集中性，超过三分之二的城市帖文随着传播热度升高，朝向体育、娱乐活动、音乐演出与节日，政治和新冠疫情这三类内容类别趋同。

第五章　中国城市在国际社交媒体传播中的内容倾向与传播效果困境①

本章将样本城市的内容特征与三十个城市的总体规划进行对比，对每个城市面临的内容趋同困境进行更有针对性的分析，从城市战略的角度，为中国城市在国际社交媒体平台中的传播提供参考意见和对策建议。

第一节　城市总体规划与城市定位

城市总体规划是指城市人民政府依据国民经济和社会发展规划以及当地的自然禀赋、资源条件、历史情况、现状特点，统筹兼顾、综合部署，为确定城市的规模和发展方向，实现城市的经济和社会发展目标，合理利用城市土地，协调城市空间布局等所作的一定期限内的综合部署和具体安排。城市总体规划是城市规划编制工作的第一阶段，也是城市建设和管理的依据。根据国家对城市发展和建设方针、经济技术政策、国民经济和社会发展的长远规划，在区域规划和合理组织区域城镇体系的基础上，按城市自身建设条件和现状特点，合理制定城市经济和社会发展目标，确定城市的发展性质、规模和建设标准，安排城市用地的功能分区和各项建设的总体布局，布置城市道路和交通运输系统，选定规划定额指标，制定规划实施步骤和措施，最终使城市工作、居住、交通和游憩四大功能相互协调发展。总体规划期限一般为 20 年。建设规划一般为 5 年，建设规划是总体规划的组成部分，是实施总体规划的阶段性规划。

第二节　城市规划视角下的城市形象

城市规划代表了官方希望呈现的城市身份。各个城市发布的城市总体规划，明

① 本章为徐翔指导余珺君，共同完成。

确了各个城市的战略定位，从而为“建设一个什么样的城市、怎样建设城市”这个重大时代课题指明了方向，为我们从城市新战略的视角提供了考察城市形象的新入口。Adamus -Matuszynska 等（2019）认为在影响城市的种种特质中，城市的品牌身份（brand identity）是最为关键的要素之一，城市形象的建设过程就是城市身份通过传播被受众感知的过程。Kavaratzis 等（2005）界定了城市的品牌身份和品牌形象（brand image）之间的关系——品牌身份是品牌的拥有者想让品牌被感知的形象，即拥有者想要传达的形象，而品牌形象是品牌被目标群体实际感知到的形象。城市战略规划中这种清晰的城市发展定位，可以看作是政府在顶层设计层面为城市形象确定的“官方”身份（identity），这种战略定位可以纳入城市品牌身份的范畴。通过与城市希望呈现的官方身份进行对比，可以使我们看清楚国际社交媒体中的城市形象距离现实和政府传播期望的距离，从而对当前存在的城市形象传播效果困境进行更有效的认知。

第三节　城市定位与社交媒体传播效果现状存在的差距

通过城市规划这一参照对城市传播的内容困境进行考察。将样本城市的内容特征（包括帖文类别分布比例与热门内容趋同类别）与三十个城市的总体规划进行对比，对每个城市面临的内容趋同困境进行更为针对性的分析。各城市贴文类别分布与趋同特点详见附录 A、附录 B。

一、上海

《上海市城市总体规划（2017—2035 年）》明确，上海的城市定位确定为：国际经济、金融、贸易、航运、科技创新中心和文化大都市，国家历史文化名城。从内容分布比例来看，关于上海的帖子排名靠前的依次是城市发展与特定城市，经济、金融、商业与就业，城市文化、历史和艺术。其他类别也均有一定数量的分布，但比例较低。从中可以看出上海经常与其他城市一起被提及，也体现出经济金融中心和文化都市的特点。但随着热度的增高，关于上海的热门帖子逐渐趋同于 11 类主题，主要分布在以下类别：新冠疫情；科技制造与创新；体育、娱乐活动、音乐演出与节日；政治；人物与名人；军事；城市一般基础设施；经济、金融、商业与就业；个人心情；照片与影视；新闻与社会。上述热门内容趋同的方向尽管较为多样，但在数量分布比例中占据前列的城市历史、文化、艺术相关的内容类型却并未出现在热门内容趋同的方向之中，而帖子占比较低的类型，如新冠、人物与名人、照片与影视等反而成为热门内容趋同的方向。这反映出帖子的数量分布比例与内容趋同方向之间的差异。从上述结果来看，经济、金融、商业与就业类型的内容分布比例较高，且是热门内容趋同的方向，有利于上海的经济、金融、贸易都市形象的建设。科技制造与创新类内容尽管比例不高，但是较为热门，也有利于科技创新形象的构建。而上海的文化、历史和艺术类内容尽管占据了较高的比例，但随着传播热度的增加，这些内容却容易被其他内容遮蔽，无法得到呈现，这将不利于上海城市文化形象的构建。

二、成都

《成都市城市总体规划（2016—2035）》明确，成都市的城市定位为：四川省省会、国家中心城市、国际门户枢纽城市、世界文化名城。从分布比例来看，体育、娱乐活动、音乐演出与节日，城市文化、历史和艺术，城市资源与风景这三类占比较高。随着传播热度升高，成都的内容逐渐趋同于 7 个不同的主题，主要分布在以下类别：新冠疫情；新闻与社会；体育、娱乐活动、音乐演出与节日；人物与名人；政治；经济、金融、商业与就业；军事、武器与航空飞行。上述热门内容趋同的方向尽管较为多样，但在分布比例中占据前列的城市历史、文化、艺术相关的内容类型却并未出现在热门内容趋同的方向之中，而帖子占比较低的类型，如人物与名人，军事、武器与航空飞行类，新闻与社会，政治等类别反而成为热门内容趋同的方向。成都也同样体现出帖子数量分布比例与内容趋同方向的差距。从上述结果来看，与城市相关的文化、历史和艺术类内容，尽管在数量上占据了优势，但随着传播热度的增加，这些内容，都难以得到充分的呈现，不利于城市文化形象的构建。

三、深圳

根据《深圳市城市总体规划（2010—2020 年）》，深圳城市定位是：我国的经济特区、全国性经济中心城市和国际化城市。科技制造与创新，经济、金融、商业与就业类型的内容分布比例较高，且是热门内容趋同的方向，有利于深圳的经济中心城市的建设。但科技制造与创新类内容数量多却不属于热门内容趋同方向，可能会随着传播热度的上升被其他类型的内容遮蔽。从分布比例来看，科技制造与创新，经济、金融、商业与就业，体育、娱乐活动、音乐演出与节日这三类占比较高。其他类别也均有一定数量的分布，但比例相对较低。但随着传播热度的升高，深圳的内容趋同涉及6个主题，主要分布在以下类别：政治；人物与名人；新闻与社会；新冠疫情；体育、娱乐活动、音乐演出与节日；个人心情。在分布比例中占据前列的科技制造并未出现在热门内容趋同的方向之中，而帖子占比较低的类型，如人物与名人、个人心情等类别反而成为热门内容趋同的方向。

四、杭州

根据《杭州市国土空间总体规划（2021—2035年）》（草案），杭州城市定位是：浙江省省会、长江三角洲区域中心城市、国家历史文化名城、国家中心城市和国家综合性科学中心、全国数字经济第一城、国际文化旅游休闲中心、世界一流的社会主义现代化大都市。从内容分布比例来看，关于杭州的帖子在城市发展与特定城市，城市文化、历史和艺术类占比较高。其他类别也均有一定数量的分布，但比例相对较低。杭州帖子分布比例中占据最高的城市发展与特定城市这一类，主要是因为该类别下有一个子类别与杭州直接相关。随着传播热度的升高，杭州的内容趋同涉及5个主题，主要分布在以下类别：城市文化、历史和艺术；个人心情；体育、娱乐活动、音乐演出与节日；时尚；城市一般基础设施。上述内容趋同的方向涵盖城市历史、文化、艺术相关的维度，有利于杭州的城市文化形象的建设，但缺乏经济、科技相关的维度。

五、克拉玛依

根据《克拉玛依市城市总体规划（2014—2030年）》，克拉玛依定位是：新疆北部区域中心城市，我国重要的国际化能源生产及服务基地、戈壁绿洲生态城市。从内容分布比例来看，克拉玛依的帖子存在显著的内容偏向性。帖子都分布在城市发展与特定城市这一类，其他类别的帖子占比均微乎其微，这主要是由于该类别下的子类别中有两类都与克拉玛依相关。随着传播热度的升高，克拉玛依的内容趋同涉及5个主题，主要分布在以下类别：经济、金融、商业与就业；政治；体育、娱乐活动、音乐演出与节日；城市资源与风景；城市发展与特定城市。其中，政治，体育、娱乐活动、音乐演出与节日，虽然仅占微弱的比例，但仍然成为热门内容趋同的方向。其热门内容趋同方向一定程度上符合城市定位，但是值得注意的是，关于人权、宗教、政治敏感事件等也成为内容趋同的方向，可能会加深国际社会对于新疆的刻板印象，对城市形象带来不利影响。

六、哈尔滨

根据《哈尔滨市城市总体规划（2011—2020年）》，哈尔滨城市定位是：黑龙江省省会、我国东北北部中心城市、国家重要的制造业基地、国家历史文化名城和国际冰雪文化名城。从内容分布比例来看，哈尔滨的帖子主要集中在城市资源与风景、城市发展与特定城市这两类中。其他类别也均有一定数量的分布，但比例相对较低。帖子分布在城市发展与特定城市这一类较多，这主要是由于该类别下的子类别中有一类与哈尔滨相关。随着传播热度的升高，哈尔滨的内容趋同涉5个主题，主要分布在以下类别：新冠疫情；城市资源与风景；体育、娱乐活动、音乐演出与节日；政治；军事、武器与航空飞行。城市文化、历史和艺术类帖子尽管占据8.39%，但随着传播热度的增加，容易被其他的内容类型所遮蔽，不利于历史文化名城的建设。

七、苏州

根据《苏州市国土国家整体规划（2021—2035年）》，苏州城市性质定位为国家历史文化名城和风景旅游城市、国家先进制造业基地和产业科技创新中心，长三角世界级城市群重要中心城市。从内容分布比例来看，体育、娱乐活动、音乐演出与节日，城市文化、历史和艺术，城市发展与特定城市这三类占比较高。其他类别也均有一定数量的分布，但比例相对较低。帖子分布在城市发展与特定城市这一类较多，主要是分布在城市发展与城市生活这一类子类别之中。随着传播热度的升高，苏州的内容趋同涉及4个主题，主要分布在以下类别：体育、娱乐活动、音乐演出与节日；经济、金融、商业与就业；个人心情；人物与名人。随着传播热度的增加，苏州内容趋同的方向缺乏与城市历史与文化、科学技术、城市风景的维度，且分布比例较高的城市文化、历史和艺术在传播热度上升的过程中被逐渐遮蔽了，不利于苏州文化形象的构建。

八、厦门

根据《厦门市国土空间总体规划（2021—2035）》，厦门城市定位是：我国经济特区、国家区域中心城市、国际性综合交通枢纽、国际性风景旅游城市。从分布比例来看，体育、娱乐活动、音乐演出与节日，城市一般基础设施这两类占比较高。其他类别也均有一定数量的分布，但比例相对较低。随着传播热度的升高，厦门的内容趋同涉及6个主题，主要分布在以下类别：美与时尚；政治；城市一般基础设施；体育、娱乐活动、音乐演出与节日；经济、金融、商业与就业；城市文化、历史和艺术。分布比例较高的两类也是内容趋同的方向。从数据结果来看，城市资源与风景以及其他与旅游相关的内容在分布比例上不高，也未成为热门内容趋同方向，风景旅游城市的形象不够鲜明。

九、乌鲁木齐

根据《乌鲁木齐市国土空间总体规划（2021—2035年）》，乌鲁木齐城市定位是：新疆维吾尔自治区首府、丝绸之路经济带核心区的中心区、我国西部地区重要的中心城市。从内容分布比例来看，政治、城市发展与特定城市、城市一般基础设施这三类比例较高。其他类别也均有一定数量的分布，但比例相对较低。帖子分布在城市发展与特定城市这一类较多，主要是由于该类别下有一类子类别与乌鲁木齐有关。随着传播热度的升高，乌鲁木齐的内容趋同涉及4个主题，主要分布在以下类别：城市资源与风景；新冠疫情；新闻与社会；城市文化、历史和艺术。随着传播热度升高，乌鲁木齐的内容趋同方向具有一定的城市特色，但经济、金融、商业与就业类帖子分布比例低且未成为热门内容趋同方向，经济的形象不突出。

十、昆明

根据《昆明市国土空间总体规划（2021—2035年）》，昆明城市定位为中国春城、云南省省会、国家历史文化名城、国家战略支点城市、国际大健康名城、美丽中国典范城市。从分布比例来看，城市一般基础设施，城市文化、历史和艺术，体育、娱乐活动、音乐演出与节日这三类占比较高。其他类别也均有一定数量的分布，但比例相对较低。随着传播热度的升高，昆明的内容趋同涉及4个主题，主要分布在以下类别：个人心情；政治；人物与名人；体育、娱乐活动、音乐演出与节日。尽管城市文化、历史和艺术分布比例高，但随着传播热度上升而逐渐被遮蔽。从内容趋同的方向来看，昆明的内容趋同也缺乏鲜明的城市特色。

十一、三亚

根据《三亚国土空间总体规划（2020—2035）》，三亚城市定位为：围绕全省“三区一中心”总体定位，突出自由贸易、生态文明、旅游消费、战略创新等新内涵的世界级的热带海滨风景旅游城市，开放创新的海南自贸港标杆城市，生态文明与宜居宜业的幸福城市，经略南海与科技创新的支点城市。从内容分布比例来看，美与时尚，城市资源与风景，体育、娱乐活动、音乐演出与节日，城市旅游基础设施与休闲娱乐比例相对较高。其余类型帖子均有一定占比，但比例较低。而随着传播热度的升高，三亚的内容趋同涉及7个主题，主要分布在以下类别：城市发展与特定城市；照片与影视；政治；城市资源与风景；军事；个人心情；人物与名人。城市资源与风景类帖子占比高，且是内容趋同方向，符合三亚的城市定位。此处的城市发展与特定城市类的内容主要与三亚的古清真寺相关，城市资源与风景与冬季相关的原因在于三亚是冬季热门旅游地。

十二、张家界

根据《张家界市城市总体规划（2007—2030）》，张家界市初步定位为国际风景旅游城市。从内容分布比例来看，城市资源与风景类比例较高，占据半数以上。其他类型的帖子数量相对占比较低，且大部分内容类型帖子占比较微弱，说明张家界的帖子内容分布也具有较为明显的内容偏向。随着传播热度的升高，张家界的内容趋同涉及4个主题，主要分布在以下类别：军事、武器与航空飞行；城市发展与特定城市；城市资源与风景；城市一般基础设施。此处的城市发展与特定城市类别，涉及的帖子内容主要是小语种（斯瓦希里语），其内容主要与张家界的道路、玻璃桥相关。这里的军事、武器与航空飞行也主要与张家界天门山的翼装飞行、翼装飞行锦标赛以及无人机航拍相关。张家界朝向城市资源与风景内容类型的趋同，是符合城市性质及其定位的，也与张家界主动打造以“景点”为特色的旅游城市的宣传目标相吻合（北京师范大学新闻传播学院，2021）。

十三、天津

根据《天津市国土空间总体规划（2021—2035 年）》阶段性成果，天津的战略定位为：全国先进制造研发基地、北方国际航运核心区、金融创新运营示范区、改革开放先行区。从内容分布比例来看，体育、娱乐活动、音乐演出与节日，新闻与社会，城市文化、历史和艺术这三类占比最高。其余类型帖子均有一定占比，但比例较低。随着传播热度的升高，天津的内容趋同涉及 9 个主题，主要分布在以下类别：城市文化、历史和艺术；人物与名人；城市发展与特定城市；美与时尚；军事、武器与航空飞行；城市一般基础设施；新冠疫情；科技制造与创新；政治。此处的城市发展与特定城市类主要与宗教相关。从内容趋同的方向来看，部分趋同方向与天津的城市定位符合。

十四、西安

根据《西安市国土空间总体规划（2021—2035 年）》草案，西安市的城市定位为：陕西省省会、辐射西北的国家中心城市、国家科技创新与现代产业名城、国际门户枢纽城市、中华文明传承标识地。从内容分布比例来看，城市文化、历史和艺术，城市旅游基础设施与休闲娱乐，新闻与社会类占比最高。其余内容类型均有一定占比，但比例较低。随着传播热度的升高，西安的内容趋同涉及 8 个主题，主要分布在以下类别：军事、武器与航空飞行；城市文化、历史和艺术；个人心情；新冠疫情；政治；人物与名人；新闻与社会。西安在城市文化、历史和艺术类别帖子较多且成为热门内容趋同方向，有利于历史文化名城的建设。

十五、黄山

根据《黄山市城市总体规划修编（2008—2030）》，黄山市城市定位是：世界著名的现代国际旅游城市、长三角旅游中心城市之一、皖浙赣省际中心城市。从分布比例来看，半数以上的帖子都属于城市资源与风景类。其他内容类型的帖子占比相对较低，且大部分内容类型的占比较为微弱，说明黄山的内容具有相对明显的内容偏向。随着传播热度的升高，黄山的内容趋同涉及 4 个主题。主要分布在以下类别：军事、武器与航空飞行；新冠疫情；个人心情；城市资源与风景。从帖子内容占比以及趋同方向来看，黄山市整体符合国际旅游城市的规划。

十六、大连

根据《大连市国土空间总体规划（2021—2035 年）》，大连未来 15 年的城市定位是：东北亚国际航运中心、国际物流中心、国际贸易中心和区域性金融中心、东北亚科技创新创业创投中心、高水平对外开放合作高地、国际旅游目的地和服务基地、独具魅力的全球海洋中心城市。从内容分布比例来看，体育、娱乐活动、音乐演出与节日，经济、金融、商业与就业类帖子占比较高。其余内容类型均有一定占比，但比例较低。随着传播热度的升高，大连的内容趋同涉及 6 个主题，主要分布在以下类别：人物与名人；城市一般基础设施；体育、娱乐活动、音乐演出与节日；新闻与社会；新冠疫情；政治。经济、金融、商业与就业类帖子占比较高但是随着传播热度的升高被逐渐遮蔽。而从大连现有的内容趋同方向来看，未明显体现出城市的特色。

十七、海口

根据《海口市国土空间总体规划（2020—2035）（公众版）》，海口市的战略定位为：建设中国特色自由贸易港核心城市、建设具有全球影响力的创新开放城市、建设生态智慧宜居的幸福城市。从内容分布比例来看，体育、娱乐活动、音乐演出与节日，新闻与社会，城市资源与风景这三类占比较高。其余内容类型均有一定占比，但比例较低。随着传播热度的升高，海口的内容趋同涉及 4 个主题，主要分布在以下类别：个人心情；新闻与社会；体育、娱乐活动、音乐演出与节日；城市发展与特定城市。此处的城市发展与特定城市类，帖子主要是小语种，其内容为海口国际咖啡展相关。城市资源与风景占比较高却随着传播热度上升而被遮蔽，城市文化、历史和艺术的帖子尽管占比为

9.05%，但同样随着帖子热度上升难以被呈现。这不利于海口旅游度假胜地和历史文化名城的城市定位。

十八、长沙

根据《长沙市国土空间总体规划（2021—2035年）》，长沙市城市定位是：湖南省省会、国家历史文化名城、国家重要先进制造业中心、国家科技创新中心、国际文化创意中心、国家综合交通枢纽中心、内陆地区改革开放高地。从内容分布比例来看，体育、娱乐活动、音乐演出与节日，新闻与社会，城市文化、历史和艺术三类占比较大。其余内容类型均有一定占比，但比例较低。随着传播热度的升高，长沙的内容趋同涉及3个主题，主要分布在以下类别：新冠疫情；政治；个人心情。城市文化、历史和艺术占比较高，但随着传播热度的上升却被遮蔽。而从长沙当前的内容趋同方向来看，其中缺乏与城市特色相关的内容，并不符合长沙的城市定位。

十九、济南

根据《济南市国土空间总体规划（2021—2035年）草案》，济南将发展成为国家中心城市、中国北方新动能增长极、黄河流域生态保护与高质量发展示范城市、引领山东半岛城市群发展的新时代社会主义现代化强省会。从内容分布比例来看，体育、娱乐活动、音乐演出与节日，新闻与社会占比较高。其余内容类型均有一定占比，但比例较低。随着传播热度的升高，济南的内容趋同涉及4个主题，主要分布在以下类别：城市资源与风景；新闻与社会；城市一般基础设施；体育、娱乐活动、音乐演出与节日。城市文化、历史和艺术类帖子占比较低且未成为热门内容趋同方向，不利于国家历史文化名城的建设。

二十、南昌

根据《南昌市国土空间总体规划（2021—2035）》，南昌的城市定位是：江西省省会、全国数字经济发展先行区、国家历史文化名城、国家综合交通枢纽、我国重要的中心城市、国际先进制造业集聚区、国际魅力生态之都。城市文化、历史和艺术分布比例较低，也未成为热门内容趋同方向，不利于历史文化名城的建设。从内容分布比例来看，新闻与社会，体育、娱乐活动、音乐演出与节日，军事、武器与航空飞行三类占比最高。其余内容类型均有一定占比，但比例较低。随着传播热度的升高，南昌的内容趋同涉及4个主题，主要分布在以下类别：新冠疫情；政治；城市资源与风景；经济、金融、商业与就业。

二十一、桂林

根据《桂林市国土空间总体规划（2020—2035）》（草案），桂林市的城市定位为：世界级旅游城市，国家历史文化名城，中国山水宜居之都，重要的旅游、交通、文化和创新中心。从内容分布比例来看，城市资源与风景，城市旅游基础设施与休闲娱乐，城市文化、历史和艺术，新闻与社会四类占比最高。其余内容类型均有一定占比，但比例较微弱。随着传播热度的升高，桂林的内容趋同涉及5个主题，主要分布在以下类别：人物与名人；军事、武器与航空飞行；新闻与社会；政治；城市文化、历史和艺术。城市文化、历史和艺术占比较高且是内容趋同的方向，有利于历史文化名城的定位。城市资源与风景类帖子数量多，但在传播热度的上升过程中被逐渐遮蔽，不利于桂林旅游城市的定位。

二十二、沈阳

根据《沈阳市国土空间总体规划（2021—2035年）》，沈阳市将围绕建设国家中心城市的总目标，建成国家现代综合枢纽、国家先进制造中心、综合性国家科学中心、区域性金融中心、区域性文化创意中心。从内容分布比例来看，新闻与社会，体育、娱乐活动、音乐演出与节日，城市文化、历史和艺术类占比较高。其余内容类型均有一定占比，但比例较低。随着传播热度的升高，沈阳的内容趋同涉及6个主题，主要分布在以下类别：新冠疫情；美与时尚；城市资源与风景；政治；经济、金融、商业与就业；新闻与社会。城市文化、历史和艺术类占比较高，但随着传播热度上升被遮蔽，不利于历史文化名城的建设。

二十三、珠海

根据《珠海市国土空间总体规划（2021—2035年）》草案，珠海的城市定位是：建设新时代中国特色社会主义现代化国际化经济特区、珠江口西岸核心城市、连接港澳的枢纽城市、区域性海洋中心城市、国际滨海旅游城市。从内容分布比例来看，城市一般基础设施，城市文化、历史和艺术，经济、金融、商业与就业类占比最高。其余内容类型均有一定占比，但比例较低。随着传播热度的升高，珠海的内容趋同涉及3个主题，主要分布在以下类别：新冠疫情；新闻与社会；军事、武器与航空飞行。从内容趋同方向来看，珠海帖子数量较多的几类内容，并未成为内容趋同的方向。珠海的趋同方向中也缺乏明显的城市特色，与现有的城市定位不符。

二十四、石家庄

根据《石家庄市国土空间总体规划（2021—2035年）》，石家庄城市定位为：现代化国际化美丽省会、京津冀世界级城市群重要一极、先进制造业基地和创新型城市、综合交通枢纽和区域现代商贸物流中心、城乡统筹示范城市和生态宜居城市。从内容分布比例来看，体育、娱乐活动、音乐演出与节日，新闻与社会占较高。其余内容类型均有一定占比，但比例较低。随着传播热度的升高，石家庄的内容趋同涉及3个主题，主要分布在以下类别：城市旅游基础设施与休闲娱乐；城市一般基础设施；人物与名人。石家庄帖子分布比例较高的内容类型并未成为内容趋同的方向。但从内容趋同方向来看，石家庄的内容趋同偏重基础设施类，主要与经济形象相关，相对而言具有一定的个性化趋同特点。

二十五、郑州

根据《郑州市国土空间总体规划（2021—2035）》，郑州城市定位是：河南省省会、黄河流域生态保护和高质量发展核心示范区、国家历史文化名城、国家中心城市、国际创新智造基地、国际综合交通枢纽和开放门户、一流宜居品质的国际大都市。从内容分布比例来看，体育、娱乐活动、音乐演出与节日，城市一般基础设施，经济、金融、商业与就业，新闻与社会占比较高。其余内容类型均有一定占比，但比例较低。随着传播热度的升高，郑州的内容趋同涉及 4 个主题，主要分布在以下类别：体育、娱乐活动、音乐演出与节日；城市一般基础设施；城市文化、历史和艺术；新冠疫情；照片与影视。从上述结果来看城市文化、历史和艺术类内容占比 8.01%，并成为内容趋同的方向，有利于历史文化名城的建设。

二十六、长春

根据《长春市国土空间总体规划（2021—2035 年）》，长春城市定位为：吉林省省会、国家历史文化名城、重要工业基地和科教城市、东北亚区域性中心城市。从内容分布比例来看，体育、娱乐活动、音乐演出与节日，新闻与社会类占比较高。其余内容类型均有一定占比，但比例较低。随着传播热度的升高，长春的内容趋同涉及 5 个主题，主要分布在以下类别：新闻与社会；体育、娱乐活动、音乐演出与节日；时尚；人物与名人；城市发展与特定城市。此处的城市发展与特定城市类，主要与中超比赛长春亚泰与杭州绿城队的比赛相关。城市文化、历史和艺术类帖子比例较低，且未成为内容趋同的方向，不利于历史文化名城的建设。内容趋同方向中也未体现出符合城市定位的特色内容。

二十七、南通

根据《南通市城市总体规划（2011—2020 年）》，南通市的发展定位是：江风海韵门户城市、畅联全国通达世界的现代综合交通枢纽、更高水平国家创新型城市、深层次推动长三角一体化发展标杆城市、全国富有江海特色的海洋中心城市、彰显生态之美的低碳花园城市、宜居宜业幸福城市。从内容分布比例来看，体育、娱乐活动、音乐演出与节日，城市资源与风景，城市文化、历史和艺术，科技制造与创新占比较高。其余内容类型均有一定占比，但比例较低。随着传播热度的升高，南通的内容趋同涉及 3 个主题，主要分布在以下类别：照片与影视；人物与名人；科技制造与创新。城市文化、历史和艺术占比高但随着传播热度的上升而被遮蔽，不利于历史文化名城的构建。

二十八、盘锦

根据《盘锦市国土空间总体规划（2021—2035 年）》，盘锦的发展定位是：全国重要石化及精细化工基地、东北粮食集散和精加工基地、电子信息产业基地、东北地区能源基地、国际湿地之都、辽宁省“一圈一带两区”区域发展格局中重要的区域中心城市。从内容分布比例来看，城市资源与风景占据 83.07%，其余类别占比均较为微弱。盘锦的内容趋同具有较为明显的内容偏向性。随着传播热度的升高，盘锦的内容趋同涉及 2 个主题，主要分布在以下类别：新闻与社会；体育、娱乐活动、音乐演出与节日。从内容趋同的方向来看，帖子比例较高的城市资源与风景类并未成为内容趋同的方向，且当前盘锦内容趋同的方向并不具有城市特色，也不符合城市的性质与定位。

二十九、榆林

根据《榆林市国土空间总体规划（2021—2035 年）》草案，榆林的城市定位为：现代化能源工业领航城市、世界高端能化基地、黄河中游生态典范、五省交界中心城市、国家能源安全支撑、国家综合交通枢细、国家西部经济强市。从内容分布比例来看，城市文化、历史和艺术、新闻与社会、政治这几类占比较高。其余内容类型均有一定占比，但比例较低。随着传播热度的升高，榆林的内容趋同涉及 3 个主题，主要分布在以下类别：政治；新冠疫情；新闻与社会。尽管榆林的城市文化、历史和艺术类内容占比较高，但该类内容随着传播热度的增加被逐渐遮蔽。榆林内容趋同的方向缺乏城市特色，也不符合城市的性质与定位。

三十、包头

根据《包头市国土空间总体规划（2021—2035 年）》，包头城市定位是：全国重要的工业基地、黄河“几”字弯都市圈现代化中心城市、内蒙古自治区重要的经济中心、美丽宜居的沿黄生态园林城市。从内容分布比例来看，新闻与社会类、科技制造与创新这两类占比较高，其余类别均有一定的占比，不过比例相对较低。随着传播热度的升高，包头的内容趋同涉及 4 个主题，主要分布在以下类别：城市发展与特定城市；体育、娱乐活动、音乐演出与节日；城市资源与风景；城市文化、历史和艺术。尽管科技制造与创新类帖子数量较多，但随着传播热度的增加而被遮蔽。但从内容趋同方向来看，包头的内容趋同依然展现出一定的城市特色。

第四节 小 结

从样本城市的战略定位与城市在国际社交媒体传播中的内容特征与传播效果来看，对于多数城市而言，内容“热趋同”现象对城市形象的充分展现带来了不利影响，与城市的战略定位存在一定差距。例如昆明、大连、长沙、珠海、长春、盘锦、榆林，这些城市的独特性、其独特的资源和历史文化等丰富的传播内容都随着传播热度的增加而被缺乏特色的内容类型所遮蔽。特别是城市文化、历史和艺术类的相关帖文，有一部分城市的城市文化、历史和艺术类主题帖子数量较高，且也是热门内容趋同的类型，例如杭州、西安、桂林、郑州；但也有一些城市，尽管这类帖文数量较多，但随着传播热度的上升容易被其他内容类型所遮蔽，例如上海、成都、哈尔滨、苏州、昆明、海口、沈阳、南通。同时，我们也可以发现政治，体育、娱乐活动、音乐演出与节日，新冠疫情这三类主题，尽管在各个城市中数量占比不多，但依然能够随着传播热度的上升而成为内容趋同的方向。这也体现出 Twitter 平台中内容趋同的类型偏向与效果的差异性，这也是中国城市国际传播过程中所需要特别关注的地方。

第六章 中国城市在国际社交媒体传播中的热门内容趋势与方向[①]

本章在对中国城市在国际社交媒体传播中的内容类别进行聚类与分类的基础上，抽取每个城市的热门帖文，对不同内容类别之间的关系进行了分析，考察中国城市在传播中的内容趋同方向。

第一节 文献回顾

对内容“热趋同”的分析表明，不同城市的内容“热趋同”现象并非是彼此孤立的，而是存在着某种联系。但不同城市的热门内容是否存在着共同的内容趋同方向？这一问题仍然有待明确提出以及实证考察。本章对热门内容所分布的内容类别彼此之间的联系进行细致分析。由于内容“热趋同”是朝着特定的内容类别趋同，因此，如果不同的内容类别会朝向特定方向趋同，那么就说明内容“热趋同”也存在着特定的方向。

一、文化身份的共通性：趋于中国热门议题

城市热门内容看似多种多样，但由于中国城市具有的共通的地理与文化身份，因此不同城市的热门内容都呈现出朝向中国热门议题、涉华舆情舆论、中国国家形象这一方向聚拢的趋势。

从城市的地理空间属性出发，地域空间的等级层次性、认知过程和规律表明，对于城市的认知无法脱离对国家的认知。位置在某种程度上意味着形象，人们对于区域的认识遵循地域空间的等级层次规律自上而下进行认知。对于地理空间而言，区域之间的背景（Context）关系构成地域的认知“文脉”。这种背景关系和自上而下的认知过程会产

---

① 本章为徐翔、余珺君共同完成。

生“替代”认知。李蕾蕾（2000）将之称为形象认知的“背景律”或“背景替代”，指的是对地方形象的认知依赖于该地方的背景（地理文脉）形象。因此，国际社交媒体上与中国城市相关的热门内容也始终难以离开所属国家的背景文脉。例如宋凯（2020）对国外社交媒体平台的数据进行分析发现，“北京”和“中国”总是交织在一起，媒体往往用中国国家形象来替代对北京城市文化形象的报道，存在符号化的替代效应；马诗远等（2021）对国际社交媒体平台中与北京相关的热门帖文的研究发现，关于北京的热门议题大多与国家政治议题相关，主要包括香港、台湾、新疆，以及南海、新冠疫情等议题。

在跨文化传播中，城市存在着国家和城市两种文化身份，因此城市在跨文化传播中的形象往往融合了国家形象（程宝乐，2022）。在国际社交媒体上，对于多数用户来说中国就是“他者”，中国的形象是一种“文化他者形象”，而中国城市就是一种“异域城市形象”。因此，对于中国城市的认知、讨论往往包含着一种对“中国”“东方”的地理想象。这种地理想象中往往包含着一些共同的形象类型和东方主义话语。一些研究指出，在国际传播中，常见的东方主义话语包括“黄祸论”“赤祸论”“中国崩溃论”，而在当前则突出地表现为“中国威胁论”。例如龚为纲等（2019）对东方主义话语及其全球传播机制进行了研究，他将东方主义话语转换为人权话语、专制话语、中国威胁话语等议题，并发现这些东方主义话语广泛出现在涉华舆情之中。

二、热门议题的集中性：趋于平台热门议题

在国际社交媒体平台中，城市热门内容类型之间看似相互分化、独立，但由于平台中高传播热度的内容具有更强的同化能力，因此会使一定时期内平台中的其他内容朝向发生趋同。

社交媒体平台的承载量和用户的注意力存在边界，不同议题会向高热度内容靠拢。例如媒介议程设置中的“零和”（Zhu Jian-Hua，1992），Jennings 等（2011）发现高热度议程会影响长期议程的多样性；无论周期长短，高热度内容都呈现出明显的类型有限化、收窄化现象，并对其他不相关议程产生“挤出效应”乃至“独占效应”（陈昌凤，2014；徐翔，2023）。高传播热度的内容使得其他内容与自己相似化的能效更强，可能使得其他内容与高传播热度内容具有更高的相似度。社交媒体新闻内容生产中存在着同质模仿、

“媒体风暴”现象，这也会增强传播热度高内容的彼此相似性。高热度报导出现后，媒体本能地贴合受众偏好，寻找相似新闻（易艳刚，2015；Gruszczynski，2020）。而平台用户也会用自己的话语体系来处理、加工和传播信息。部分媒体大规模推送同类信息，来迎合公众的选择性理解、接触和记忆，从而产生“热点搭便车”效应。现有研究表明，社交媒体平台中自媒体内容生产的工业化特征日趋加剧，内容生产遵循着热点导向思维，从当前的热门话题中寻找适合做成爆款的选题（翟秀凤，2019）。

三、热门话语的标准化：趋于热门内容标准

在社交媒体多元化的表达空间中，不同平台具有不同的文化偏好，城市话语在其中也显示出某种共通的热门内容类型与话语标准。因此不同城市的热门内容也会带有这些热门内容标准的烙印，使城市热门内容表现出朝向热门话语趋同的趋势。

一些研究表明，在国际社交媒体中，关于城市的热门话题、标签往往集中于某些类型或带有情绪色彩的内容之中，反映出内容趋同在类型上隐含的集中与偏倚性（Förster et al.，2015；Steinfeld et al.，2018；Kowalik，2021）。不同的平台也具有不同的热门话语偏好性。有学者通过词频分析发现，Twitter 中与中国文化的相关内容和政治性的关联相对较大（徐翔，2015）。在网络平台的城市热门话语标准之下，用户按照热门话语的规则体系进行内容生产，由此带来了内容的相似性、类型化倾向。例如 Ambord（2021）对一群来自印第安纳州南本德的居民在 Instagram 对城市品牌的重塑行为进行了研究，发现在内容生产与宣传过程中，他们并没有展现出这个城市的创新、活力，相反，帖子的风格和内容逐渐变得与 Instagram 上的其他城市相似，逐渐失去他们试图捕捉的城市真实性。

在西方主流媒体与用户占据主导地位的国际社交媒体平台中，关于中国、中国城市的话语也存在着一套主导性的热门话语。例如 Guo 等（2019）通过国际网络议程设置的研究发现，对于涉华议程而言，主导推特圈的仍然是“中国威胁论”，而不是中国的和平崛起话语；张春波（2013）对 YouTube 网站上用户自制的与中国相关的 309 段视频进行符号与话语分析，发现 YouTube 视频中对中国形象的表征看似偶然化、碎片化，但实际上包含着多种话语竞争。而由于全球互联网媒体的文化总体上依然依赖于欧美社会，因此这种话语竞争总体上仍然有利于西方主导性话语的建构，而在这种话语表征下的中

国形象也在很大程度上复制乃至于重新发展了国际主流媒体建构的关于中国的刻板印象。有学者指出，国际主流媒体为了迎合西方受众品位以及西方主流社会文化认同，对于发展中国家信息的传播长期存在着单一化、片面化、娱乐化及种族主义倾向（张春波，2014）。

因此，城市热门内容看似多种多样、彼此分化，但仍然具有相互融通性以及共同朝向某一内容方向趋同的可能性。以内容“热趋同”的共性类别政治类、新冠疫情类为例，二者看似在内容分类上迥然不同，但是许多研究表明推特上关于新冠疫情的讨论高度政治化，并被共同兼容在“中国威胁论”的热门话语标准之中。例如 Graham 等（2020）对推特平台上关于新冠病毒相关信息进行分析，从中识别出一个智能化的“信息疫情”生产网络，而其中充斥着关于“中国制造论”“疫情隐瞒论”的疫情污名化现象。这些内容在社交媒体中不断放大，成功造就了“污名政治学”的社会共谋（吴炜华，2020）。

第二节　问题分析与研究假设

不论是涉华热门议题、平台热门议题，还是中国与中国城市的热门话语，都属于中国城市传播场域的高热度内容。因此，我们猜想，如果城市内容“热趋同”存在共同的内容方向，那么中国城市传播场域的热门内容应当会成为趋同的方向，也即不同城市的热门内容都会共同朝向中国城市场域共同的热门中心靠拢。这种方向也表现为：不同的内容类别会共同朝向热门内容类别靠近。在上述基础上，越是热门的内容类别，越能成为其他内容类别的趋同方向，因此越是会与尽可能多的内容类别具有尽可能更高的内容相似度。基于此我们提出 H1：热度越高的内容类别，在内容类别相似度网络的中心度越高。

如果不同的内容类别会朝向高热度内容类别靠近，那么具有最高热度的内容类别在某种程度上就可以表现为趋同“标的”，而越是和具有最高热度的内容类别具有高相似度，那么该类别的热度也会越高。基于此我们提出 H2：热度越高的内容类别，与最热内容类别的内容相似度越高。

如果 H1、H2 成立，那么就说明不同的内容类别具有朝向高热度热门内容类别趋同的方向。因此，由 H1、H2，结合第四章第二节中所说的内容“热趋同”的类别特征，我们可以进一步作出推理：由于与最热内容类别相似度越高的内容类别，其自身的热度也越高，因此相比于其他低热度内容，更有可能成为不同城市内容“热趋同”的内容类别。基于此，我们提出推论 1：与最热内容类别的内容相似度越高，向该类表现出内容“热趋同”的城市数量越多。推导过程见图 6.1。

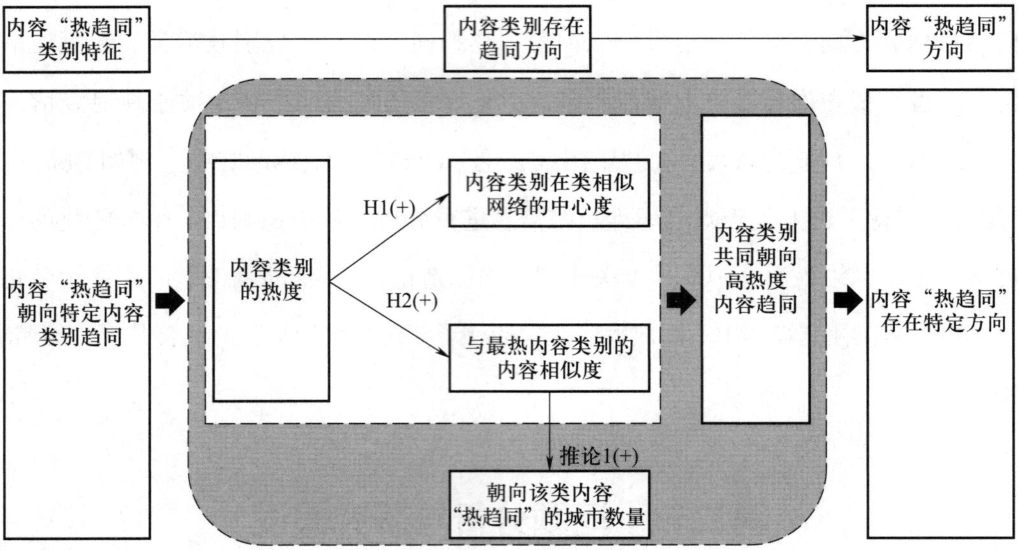

图 6.1　内容“热趋同”的方向

第三节　研究设计

一、城市热门内容的选取

由于本部分要对内容“热趋同”的方向进行分析，因此我们对各个城市中最为热门的内容进行抽样分析。参考现有研究中许多学者界定的热门内容的临界值，例如谢海涛等（2019）使用了基于卷积神经网络构建的热门新闻识别模型 RHC（Recognition of Hot News Based on CNN）进行热门新闻的识别，并在训练过程选取了 20% 作为热门新闻的临界值；Guo 等（2012）在对推特热门话题识别的研究中，使用了 FP-Stream 算法模型，在对热门话题的界定中研究者将阈值选为 0.03。在现有研究的基础上，本书划分是否热门内容的热度阈值还结合如下考虑：第一，需要尽可能地缩小热门内容所占的数量比例，选取出社交媒体中最具影响力的热门内容，通常来说尽可能小的头部内容比例能够代表最热门的内容；第二，这个比例内容中应当包含各个城市热门内容的特征。由于各个城市帖子数量分布存在差距，因此统一去掉热度为 0 的帖子后，对每个城市取前 10% 的帖子作为最热门的帖子，以确保各个城市具有足够的样本量，各个城市的热门帖子也能够充分地得到反映。

二、内容类别相似网络的构建

针对每种内容类别，将其所有样本帖拼接为一个长文，50 个内容类别共得到 50 个长文档，先通过向量空间模型（VSM）得到词频矩阵。采取常用的模块 scikit-learn 中的 CountVectorizer（ ）函数获取词频矩阵，然后转为经 L2 规范化的 TF-IDF 矩阵 $\boldsymbol{X}$。对于矩阵 $\boldsymbol{X}$，采取潜在语义分析（LSA）一律降到 100 维。

将 50 个内容类别转为向量后，依此计算内容类别之间的内容相似度。采用常用的余弦相似度（张振亚等，2005；武永亮等，2017），也即计算两个向量 A、B 之间的夹角 θ 的余弦值 cos（θ），值域为［-1，+1］，值越大表明这二者之间的内容越相似。

余弦相似度是一种常用的基于向量的相似性度量，余弦相似度越大，彼此的内容相似度越高。向量 A、B 之间夹角 θ 的余弦值可以表示为：

$$\overrightarrow{A}=(A_1, A_2, A_3, \cdots, A_{300})$$

$$\overrightarrow{B}=(B_1, B_2, B_3, \cdots, B_{300}) \tag{6.1}$$

$$\cos\theta=\frac{\overrightarrow{A}\cdot\overrightarrow{B}}{|\overrightarrow{A}|\cdot|\overrightarrow{B}|}$$

经过上文所述步骤，样本数据中的自然文本语言已经完成了文本表示，成为机器可识别语言，并根据研究需求将文本间的相似度值转化为余弦相似度值。基于 50 个内容类别彼此相似的程度，形成 50 × 50 的矩阵。在这个矩阵中，每一行或每一列——或者网络中的“节点”——代表一个内容类别。每个单元格中对应两个城市 A（行）和 B（列）的值——“边”——表示主题 A 与主题 B 之间的余弦相似度。通过社会网络分析中的中心度分析计算 50 个内容类别中各个内容类别与其他类别的相关性。

第四节　研 究 结 果

一、假设 H1 的检验

根据假设 H2，对各内容类别的热度与该类在类相似网络的中心度进行相关系数及显著性的检验。结果显示存在显著的正相关性，Pearson 相关系数为 0.559，$p<0.01$，$N=19$。这表明某一内容类别的热度越高，与其他内容类别的相似度就越高。

二、假设 H2 的检验

根据假设 H1，对各内容类与最热类之间的相似度与该内容类的热度进行相关系数及显著性的检验。结果显示存在显著的正相关性，Pearson 相关系数为 0.755，$p<0.01$，$N=50$。这表明某一内容类别与最热内容类别之间的相似度越高，其热度就越高。

三、推论 1 的检验

对各类与最热内容类别的相似度和内容“热趋同”朝向该类的城市数量进行相关系数及显著性的检验。结果显示存在显著的正相关性，Pearson 相关系数为 0.472，$p<0.01$，$N=50$。这表明与最热内容类别的相似度越高的类，内容“热趋同”朝向该类的城市数量越多，这也更加证实了 H1、H2 的合理性。

三个变量之间的两两相关性见表 6.1，各个内容类别的热度及其在内容相似度网络中的中心度见表 6.2。上述研究结果共同说明，对于热门内容而言，不同城市的热门内容看似分布在不同的内容类别之中，但实际上这些内容类别都会共同朝着中国城市传播场域的高热门内容类别发生趋同。由于不同城市的内容“热趋同”是朝向特定内容类别的趋同，因此内容类别之间具有的关联性与共同的方向性，也说明不同城市的内容“热趋同”也存在共同的方向，也即随着传播热度的上升，不同城市的热门内容都会共同朝向中国城市传播场域的高热门内容靠拢。内容“热趋同”现象存在着特定的方向。

表 6.1　三个变量之间的两两相关性

		内容类热度	内容类与最热类的相似度
内容类热度	皮尔逊（Pearson）相关性		
	显著性（双尾）		
	个案数		
内容类相似网络中心度	皮尔逊（Pearson）相关性	0.775**	0.916**
	显著性（双尾）	0.000	0.000
	个案数	19	19
内容类与最热类的内容相似度	皮尔逊（Pearson）相关性	0.788**	
	显著性（双尾）	0	
	个案数	19	

表 6.2　各个内容类别的热度及其在内容类别相似度网络中的中心度

内容类别	传播热度	内容相似网络中心度
体育、娱乐活动、音乐演出与节日类	1 316.91	0.60
城市发展与特定城市类	1 050.05	0.67
城市自然资源与自然环境类	799.49	0.54
政治类	779.11	0.45
城市一般基础设施类	657.13	0.37
经济、金融、商业与就业类	626.48	0.80
科技制造与创新类	612.49	0.29
城市文化、历史和艺术类	602.05	0.65
个人心情类	553.09	0.25
新闻与社会类	510.16	0.26
新冠疫情类	420.34	0.10
人物与名人类	401.70	0.24
城市旅游基础设施与休闲娱乐类	307.62	0.28
国际交流、合作与会议类	274.52	0.17
照片与影视类	271.97	0.31
军事、武器与航空飞行类	197.96	0.16
美与时尚类	184.68	0.19
学校与教育类	159.31	0.18
网络安全类	0.40	0.03

以“城市”之名指代“中国”的帖文，生产了一个被抽离了城市的实体内涵、只带着国家的象征意义走入国际舆论场的“数字城市”，导致城市身份陷于国家身份之中，无法实现独特的自主性。从城市品牌建设与城市身份（urban identity）的角度来

看，城市面临着独特的城市身份与统一的国家身份（nation identity）之间的矛盾。城市身份是指一个地方的地方特色，这种特色使其与其他地区产生差异，并使城市变得与众不同（Boussaa，2017），城市品牌正是通过定义独特的城市形象和城市身份来创建的（Shirvani et al.，2019）。构建独特的城市身份是一种目标，但是，对一些城市而言，或是由于其自身的重要地位（比如首都），或是长期受到国家宣传的影响，往往缺乏独特的城市身份，导致城市身份与国家身份可以相互替代，城市成为国家的另一个代名词。正如有学者指出"马来西亚"和"吉隆坡"在品牌代理商和民众的心目中是可以互换的（Lim 等，2006），在确定"理想形象"时，国家政治的直接参与限制了塑造城市独特灵魂的能力。与中国其他一线城市相比，北京作为首都的形象与中国的形象有着极强的关联性。北京也是中国问题的象征，这对首都的形象造成了不利影响。到目前为止，北京还没有成功地建立一个清晰而集中的首都城市身份。再加上北京的定位严重依赖中央政府宣传的意识形态，造成了传播首都品牌的严重限制（Fan 等，2016）。例如张瑜烨等（2022）对我国 31 个省、自治区、直辖市在推特中的传播效果进行分析，发现除北京、上海等一线城市外，其余城市的都市优势和特点被"重置"，以致受众均按照统一模式进行解码，形成"千城一面"的窘境。

城市"热趋同"方向的一致性，意味着"城市身份"独特身份的缺失。目前多数中国城市依然无法作为一个独特的城市品牌被认识和了解，而是依然在"中国"这一共同的背景和语境之下被呈现和理解。在本书的语境中，中国的城市也缺乏连贯的形象，多数中国城市与"中国"也是可以互换的。而由于中国在国际社交媒体中的形象以政治形象为主，并长期存在着政治刻板印象，这也会对城市传播带来负面影响。本书在内容"热趋同"类别特征的相关研究结果也证实了这一点，"政治"不仅是"热趋同"的方向之一，也是中国城市传播场域的主流化内容。在与不同城市相关的帖子中，都存在将城市或地区作为政府的代称的现象，实际发布的内容也多是与政治相关的议题。这些以"城市"的名义指代"中国"的内容，抽离了城市独特的内涵。这也是国际社交媒体中的常见"话术"，通过"移花接木"的建构策略，将城市作为构建政治想象的工具，以至于城市传播中出现"只见国家，不见城市"的怪相（马诗远等，2021）。从这一角度而言，借鉴萨义德在《东方学》中提出的观点（萨义德，2019），在国际社交媒体中，用户看见的可能并不是真实、立体、全面的中国城市，而是与西方相对的，政治意义上的"中国"，各个中国城市不得不在国家的政治形象之下被迫呈现。

第七章　中国城市在国际社交媒体传播中的内容演化结构[①]

本章借鉴城市网络的视角，提出城市传播中的“领袖城市”现象与内涵，考察城市之间基于热门传播内容形成的演化网络结构。

第一节　引　言

党的二十大报告对建设社会主义文化强国作出战略部署，明确提出要加强国际传播能力建设，全面提升国际传播效能，形成同我国综合国力和国际地位相匹配的国际话语权。2021 年 5 月 31 日，习近平总书记主持中共中央政治局第三十次集体学习时提出“必须加强顶层设计和研究布局，构建具有鲜明中国特色的战略传播体系”的重要论断，强调各级党委（党组）要把加强国际传播能力建设纳入党委（党组）意识形态工作责任制。这些重要论述表明，国际传播工作不仅是国家全局性的工作，也逐渐成为地方层面需要加强的重要工作。明确地方传播主体在国际传播中的角色定位，提升区域性国际传播能力，推动中央与地方各级的相互配合与协同联动，实现国际传播效能的全面提升，成为国际传播理论探索与实践创新的重要命题（黄典林　等，2021）。

当前，以大型互联网平台等为主导的新型数字基础设施正在全面重构国际传播的整体格局，国际传播进入依赖平台运行的平台化时代（李鲤，2021）。一些具有代表性的国际社交媒体平台如 Twitter、Facebook 等，为国际传播秩序建设与国际舆论博弈设定了全新的语境。更好地对接国际社交媒体平台逻辑、提高对平台的把控能力、借助平台“讲好中国故事，展示真实、立体、全面的中国”，对于打造具有中国特色的战略传播体系，实现我国国际传播的转型升级，更好地掌握涉华议题的国际话语权具有建设性意义（史安斌　等，2021）。

① 本章为徐翔、余珺君共同完成。

作为国际传播整体格局中的重要一环和国家形象的重要组成部分，城市作为传播主体的重要性不断凸显。城市在国际传播中的角色定位，在国际社交媒体平台的传播现状及其效果、困境与策略（张瑜烨 等，2022；刘金波，2022），以及具有较好传播效果的热门帖文类型及其传播规律（邵云，2020；马缘园，2021）受到研究者的重视。城市之间的信息交换、内容传递及其协同联动对于提升国际传播效能的影响也被许多学者关注。受到城市群、都市圈等城市体系与发展模式的影响，部分城市之间的信息交换、信息流动频率与新闻舆论密集度较高（钟怡，2022；余艳波 等，2016），有助于城市之间开展地域合作，形成传播合力。许多城市也通过联合互动的方式来进行区域传播，提升在国际社交媒体平台的传播效果，例如上海与江苏、浙江和安徽联动举办的打卡长三角、发展长三角故事等活动（张钺琫 等，2022）。或者在特定时间段内对共同的中国主题进行集中发力的国际传播，建立城市之间的共享合作，形成传播合力（石大东，2022）。

城市之间的信息交换会形成动态稳定的城市内容网络。在国际传播研究中，受到"关系范式"的影响，一些学者开始关注基于特定内容所形成的关系网络与结构对国际传播效果带来的影响，并提出应当把握关键节点、利用结构性优势以更好地提升我国的内容传播影响力，增强国际话语权（汤景泰 等，2018；周翔 等，2019）。但目前城市间形成的内容网络及其结构对于提升国际传播效能的影响还未引起重视。作为全面提升国际传播效能过程中不可或缺的地方力量，城市内容网络联系对于整合城市之间的传播势能、形成有效的区域传播协同具有促进作用。特别是城市中具有较高传播热度的内容，既反映了多数用户对于中国城市的关注，也成为城市舆论和涉华舆论的缩影。且由于这些热门内容涵盖热点新闻以及围绕重要事件形成的舆论舆情等，其特殊的内容属性使其容易受到政策或媒介议程设置、舆论引导乃至涉华舆论操纵等因素的影响，使不同城市的热门内容之间能够相互影响和传递。这种城市间的内容关系不仅展现了城市之间经由密切的内容"流"而产生的紧密联系，对其形成的城市内容网络结构的把握与有效利用也有助于更好地提升国际传播内容的影响力，发挥城市协作对于提升国际传播效能的驱动作用。

基于上述背景，本章借鉴城市网络的研究视角，提出"领袖城市"的概念来考察城市之间基于热门内容传导关系形成的城市网络。以全球具有代表性的社交媒体平台Twitter作为研究对象，随机选取了三十个中国城市历时六年的热门帖文数据。通过交叉滞后相关分析（Cross-lagged correlations）和Rozelle-Campbell基线实证检验城市热门内容之间存在的相互影响 / 传递 / 传导关系，并结合社会网络分析法构建和研究了城市内容传导网络及其结构特征。研究结果从城市热门内容网络及其结构层面为城市之间形成有效的传播协同、提升我国在国际社交媒体平台中的传播影响力和话语权提供了有效的参考借鉴。

第二节　理论与文献回顾

20 世纪 90 年代以后，在信息技术的日益影响下，各个城市日益通过各种网络紧密地联系在一起，并形成了各种类型的多样化的世界或区域性的城市网络。在此背景下，许多学者开始将信息因素纳入城市网络的研究中，也出现了基于城市间复杂联系的网络范式（Salvini et al.，2016），越来越多关于城市网络的研究逐渐涌现。城市网络研究将城市置于一个关系体系之中进行审视，注重考察在经由各种“流”（例如交通流、经济流等）所连接的城市网络中，城市网络的结构以及城市在其中的功能与关系，利用刻画联系的“流”数据从多种维度对城市关系进行诠释（Hu et al.，2017）。

曼纽尔·卡斯特（Manuel Castells）提出的“流动空间（space of flows）”理论，强调城市地域间的资源交换和信息交流，聚焦于城市间的关系研究（周翔 等，2019），为国内外的城市网络研究提供了理论框架与重要出发点。自 1990 年代以来，国外城市学者对世界城市网络（world city network）进行了大量的研究，这类研究主要以世界为尺度，以网络为视角，从高端生产性服务业、跨国企业、基础设施网络、其他联系网络等角度开展实证研究（韦路 等，2014）。

在不同的网络中城市具有不同的影响力和控制力（Hodson et al.，2019；徐翔 等，2021）。在城市网络视野中，在衡量城市在网络中的等级、地位时，通常需要定量计算城市与城市之间的关系。这种关系的计算可以来自多种“流”的维度，城市的影响力就体现在城市在这些城市网络中对其他城市的物资、人力、资本、信息等各种“流”的掌控力（centers of flows）。这种影响力一般可以通过城市在网络中的中心性和权力进行衡量。例如学者 Neal（2011）分析了城市网络的中心性和权力，中心性是资源聚集和分布的统一，而权力是在资源流动中的影响力和支配地位。他根据中心性和权力的二维特征，将城市分为四类，分别是高中心性高权力的典型城市、高中心性低权力的枢纽城市、高权力低中心性的门户城市、低中心性低权力的边缘城市。对于城市而言，在城市网络中的影响和控制力也是其具有权力的标志（何敏华 等，2010）。

以往对于国际社交媒体平台中的中国城市呈现的研究主要是针对单一城市，特别是集中在特定城市，例如研究北京、上海、广州、深圳这样的一线城市在国际社交媒体中的呈现特点。或者是采取一种比较视野，设立城市海外传播效果或影响力指标，对不同城市的传播影响力与效果进行排名，并提出针对性的传播建议，如《中国城市海外影响力分析报告（2020）》（北京师范大学新闻传播学院，2021）。这些研究仍采用单一、孤立视角，缺乏对于城市之间关系的考察。在城市网络思维和关系视角下，在研究国际社交媒体平台中的城市呈现时，我们不仅仅关注单一城市的内容呈现，更应该关注城市之间的关系及城市网络结构，以及这种关系与结构对城市发展带来的影响。从本章而言，采用城市网络与关系的视角意味着，我们在考察国际社交媒体中的城市呈现时，更加注重城市与城市之间的内容关联性以及城市之间形成的关系网络对于城市内容的影响。

现有的国际传播中的相关研究表明，传播网络与结构会对内容传播效果产生影响。汤景泰等（2018）从传播网络的视角研究了“一带一路”在国际社交媒体平台上的传播网络结构，发现传播网络作为控制各类社会网络间信息流的基本结构，与传播效果呈正相关；龚为纲等对全球舆情大数据对西方涉华舆情所建构的东方主义话语及其全球传播机制进行了分析，发现全球网络空间中的新闻信息传播同时表现出“核心—边缘”结构和“文化圈群”结构，二者塑造了全球网络空间中涉华舆情的景观。周翔等运用社会网络分析法剖析推特用户围绕“一带一路”议题形成的关系网络以及我国媒体账号在此网络中的结构位置，发现“一带一路”议题的推特传播场域的边界和结构实际上在相当程度上仍然是由现实场域中的结构性力量和关系所决定，媒体的国际传播能力在很大程度上取决于系统结构的整体性优化程度。国际社交媒体传播中的传播网络结构也会影响到城市形象的生成与传播，例如郭可等指出，世界体系理论仍然适用于解释次中心等级城市的形象和话语生成机制，在当前全球信息网络结构中，鉴于西方国家的整体软实力优势和英语语言的优势，全球信息流动的方向仍是从以西方为主的世界媒体（包括社交媒体）中心（伦敦和纽约）流向正在崛起，但仍处在次中心的北京和上海这样的城市，这样的信息传播格局也会影响中国城市的形象生成机制和传播模式。

城市传播中的城市网络理论，特别是城市内容网络及其结构的相关研究对我们从传播网络视角理解中国城市形象的可见性程度差异也具有一定参考性。自曼纽尔·卡斯特提出“流动空间”理论以来，体现城市之间关系的城市网络研究逐渐成为研究重点。在不同的网络中城市有不同的定位（Sigler et al.，2017；Wall et al.，2011），而城市内容网络是从内容角度研究城市之间关系的方向之一，现有研究主要从语义相关性、主题相似性、地名共现性等角度对城市之间的内容关系进行了研究（Salvini et al.，2016；Hu et al.，2017），并通过中心性与权力等指标对不同城市在其中的重要性进行评估（Neal，2011）。对于我国而言，城市形象与国家形象之间密切联系，而国家中心城市、特大城市、超大城市、一线城市在国际传播中具有重要地位，国际传播效果较好，也被视为代表国家形象的城市（张瑜烨 等，2022）。同时，中国的城市具有都市圈①、城市群②的发展模式，这种发展模式也使各个城市之间的传播内容、城市形象以及传播效果存在彼此关联性。例如钟怡（2022）以长三角城市群为个案，对合肥、南京和杭州三地的政务微博中核心城市上海的报道进行分析，发现三市对上海城市形象的他塑共同指向了上海作为连接区域、连接全国、连接全球的"节点城市"的城市形象，同时各个城市会将自身与上海之间的关联放大；张瑜烨等（2022）对推特的研究发现都市圈这一全新国家城市发展规划与城市形象和对外传播效果之间存在内在联系，拥有较高传播效果的城市案例涵盖了绝大多数成熟型都市圈、赶超型都市圈中的区域与城市。因此，中国城市围绕国家形象产生的形象关联性，以及彼此之间存在的内容网络与结构是否会对不同城市的形象及其传播效果产生影响也是值得关注的层面。

综合国内外相关文献可以看出，近年来有关社交媒体中的城市形象可见性与形象偏向性已经引起学者来自多层面的关注，对于在现有基础上推进中国城市热门传播内容的形成与演化的分析提供了必要而有益的基础。然而，在国际社交媒体中，中国城市热门内容传播存在何种关系网络与结构，仍然是亟待深入研究的问题域。

第三节 "领袖城市"的内涵

一、城市网络、城市内容网络与"领袖城市"

20 世纪 90 年代以后，在信息技术的日益影响下，各个城市日益通过各种网络紧密

① 根据《中国都市圈发展报告 2021》，我国都市圈发展水平可分为成熟型、发展型、培育型三类。其中成熟型都市圈有 6 个，包括广州都市圈、上海都市圈、杭州都市圈、深圳都市圈、北京都市圈、宁波都市圈。

② 城市群指的是在特定地域范围内，以 1 个以上特大城市为核心，3 个以上大城市为构成单元所组成的在空间、经济等多个层面联系紧密，最终实现高度同城化和一体化的城市群体。

地联系在一起，并形成了各种类型的多样化的世界或区域性的城市网络。曼纽尔·卡斯特（2001）提出的“流动空间”理论，强调城市地域间的资源交换和信息交流，聚焦于城市间的关系研究，为国内外的城市网络研究提供了理论框架与重要出发点。城市网络研究将城市置于一个关系体系之中进行审视，注重考察在经由各种“流”（例如交通流、经济流等）所连接的城市网络中，城市网络的结构以及城市在其中的功能与关系，利用刻画联系的“流”数据从多种维度对城市关系进行诠释（王姣娥 等，2017）。城市的影响力就体现在城市在这些城市网络中对其他城市的物资、人力、资本、信息等各种“流”的掌控力。

在不同的网络中城市具有不同的影响力和控制力（Sigler et al.，2017；Wall et al.，2011）。在城市信息传播领域，现有研究主要从语义相关性、主题相似性、地名共现性等角度对城市之间的内容关联性进行研究（Salvini et al.，2016；Hu et al.，2022），并通过中心性与权力等指标对不同城市在其中的重要性进行评估。例如 Tongjing 等（2022）分析了 293 个中国城市在工业、信息技术、金融、研究、文化和政府六个主题方面的关系，发现中国城市体系呈菱形关系结构。Salvini 等（2016）基于维基百科中城市之间的共现次数，以及用户生成的类别构建了多个城市内容相关性网络，发现纽约、伦敦和巴黎在政治网络中表现出高度的中心地位，而香港在经济 / 技术网络中上升为第四大中心城市。

在城市国际传播领域，虽然未直接引入城市网络视角，但许多研究发现社交媒体平台中不同城市的内容相似性与关联性。例如 Forster 等（2015）通过分析 Twitter 中不同城市之间用户的对话来研究不同城市之间联系的紧密性，研究结果展现了城市之间基于内容（如足球）的连接。包括巴塞罗那、慕尼黑和米兰在内的集群，基于对足球的讨论而相互连接，可以称之为“足球集群”；Lei（2022）对社交媒体平台小红书中的大湾区城市的目的地形象的游客 / 用户生成内容进行了评估，研究了每个城市用户最频繁讨论的话题，发现所有的指定图像都与餐饮、生活、旅游和观光相关，说明大湾区城市之间内容的相关性。对于城市热门内容而言，由于中国城市具有的共通的地理与文化身份，因此各个城市的热门内容也呈现出朝向中国热门议题、涉华舆情舆论、中国国家形象这一方向聚拢的趋势。例如马诗远（2021）对国际社交媒体平台中与北京相关的热门帖文的研究发现，关于北京的热门议题大多与国家政治议题相关，主要包括高度政治化的香港、台湾、新疆，以及南海、疫情等议题。

二、城市间热门内容的彼此影响、传递与“领袖城市”

城市作为“流”的集聚中心，往往是新闻事件发生与报道的重点。热门新闻事件的地域传播效应，以及在都市圈、城市群等城市体系下城市之间的议程设置和传媒联动等，使得热门议题会在不同的城市间相互设置、相互传递。Giddens 指出，信息化时代，随着全球化将世界范围内的远距离社会关系紧密联系在一起，本地事件的发生不仅局限在地域，而会与世界中的其他地方紧密关联（赵渺希，2011）。例如钟怡（2022）对长三角城市群以及其龙头城市上海之间的沟通与互动关系进行研究，发现安徽、浙江和江苏三省的政务微博中包含有许多含有“上海”的关键词，例如上海迪士尼开园当天，三市的微博都对此展开了报道；余艳波等（2016）对“长江中游城市群”的新闻舆论传播力进行研究，指出“长江中游城市群”目前作为中部四省政府（湖北、湖南、江西、安徽）的政治议程，在极大程度上影响着四省媒介议程。此外，对于重大新闻事件，不同城市都会对其进行新闻报道。全球化语境中城市重大事件在区域中新闻信息方面具有空间传播效应，对于重大事件不同区域之间会产生关联响应（赵渺希，2011），但总体上存在显著的空间距离衰减效应，也即地理距离越远，对其进行报道的数量越少。但对于北京和上海这两个特殊城市而言，空间距离受影响程度较小（戴光全，2012）。

对舆情、舆论空间传播、地域传播的演化效应的相关分析表明，存在部分关键城市发挥着对其他城市的舆论导向以及舆情信息流动的“信息桥梁”角色，显示出城市热门舆情、舆论内容的彼此影响与相互传递。例如赵爱等（2017）对微博网络舆情的分析显示，舆论的传播具有空间性和地域性，在不同的地域中存在一些中心节点城市，这些节点城市能够主导周边乃至全国范围内的舆论方向；毕硕本等（2018）对微博中某次疫苗事件信息的传播路径进行有向网络的构建和定量分析，发现信息传播具有地域性，中国不同的地域都会形成“中心岛”城市，能够影响其他城市的舆论方向；有学者对突发公共事件网络舆情的空间演化特征进行分析，发现在社交网络舆情的时空网络结构中存在着局部聚类系数较低的结构孔城市，这类城市由于和其他城市良好的连接关系，充当着“信息桥梁”的角色，有助于促进网络舆情信息的流动和共享，并且能够干预和控制其他区域（或城市）之间的通信和传播（贾若男，2023）。

城市之间的互动也表征为不同城市用户之间的互动，因此涉华议题中西方主流媒体、发达国家用户作为城市国际社交媒体场域的主要意见领袖，对于涉华热门议题的引导也会对在城市之间的内容传递产生影响。国际信息流动的核心—边缘结构、国际社交媒体中核心国家对于重要议程的主导性，使国际社交媒体中的信息传递中长期由部分核心国家占据主导。20 世纪 70 年代，伊曼纽尔·沃勒斯坦提出的世界体系理论受到广泛的认可，这一理论体系也逐渐扩展到多个学术领域，并涉及政治、经济、文化以及全球信息传播格局层面。学者吴瑛等（2015）对全球 16 个国家 32 家国际主流媒体之间的互引关系进行社会网络分析，发现在全球信息传播格局中也同样存在“中心—半边缘—边缘”的等级结构；Guo 等（2019）对不同国家媒体在 Twitter 上的媒体议程设置研究发现，Twitter 在很大程度上遵循了核心国家的议程，在新媒体环境下强化了霸权。对于涉华议程而言，主导 Twitter 圈的仍然是“中国威胁论”。许多相关研究表明，国际主流媒体、发达国家的用户往往主导着与中国相关的热门内容（Xiang，2013；相德宝，2012；徐翔，2018），而在许多涉华议题中，相关的关键意见领袖存在着以城市指代国家，以城市之名来发布关系国家政治的议题的现象（马诗远 等，2021）。从这一角度来说，由于少数城市对于国家的代表性，例如首都、国家中心城市、特大城市、超大城市、一线城市，这些城市也更加能够成为代表国家的符号，而聚集在这些城市的热门内容也往往与涉华热门议题有关，因此使得涉华热门议题通过这些关键城市流向其他城市。

三、“领袖城市”：城市的内容影响网络及其影响力

在城市研究中，“全球城市”“世界城市”是受到普遍关注的概念，这二者的关键是城市在全球范围内的控制力，主要是城市在经济、政治、文化等领域的影响和控制力（寇静 等，2012）。本章所说的“领袖城市”，借鉴了传播学研究中“意见领袖”的概念。意见领袖作为一种有效节点，在传播网络中具有一定的影响力与控制力。而“领袖城市”实际上也类似于国际社交媒体平台城市传播场域的“意见领袖”，它代表了一个城市在城市热门内容传导网络中的角色，其热门内容能够较大程度地影响其他城市的热门内容。从这个意义上而言，“领袖城市”反映了城市的“热门内容”的影响力与控制力。

在具体的测量方式上，我们采用城市在国际社交媒体平台中的热门帖文数据，借鉴

城市网络分析的视角与方法，建立了基于热门内容彼此影响 / 传递 / 传导视角的城市热门内容传导网络。在具体操作上，我们采用了交叉滞后相关性（Cross-lagged correlations）和 Rozelle-Campbell 基线来衡量任意两个城市之间热门内容的彼此影响程度，该方法能够可靠地解释两个时间段内两个变量之间的因果关系（Han et al.，2017；Mc Combs et al.，1997），在议程设置的研究中已经被广泛应用（Lim，2006；Tedesco，2005；Lopez-Escobar et al.，1998；Lee et al.，2005）。通过设置一定的滞后期，我们可以研究不同城市两两之间热门内容的彼此影响程度。

我们提出一个衡量指标“领袖城市程度”，用来衡量在中国城市热门内容网络中，任意一个城市的内容影响力。社会网络分析是研究城市网络的主要范式之一（Levine，1972；Freeman，1979），在城市研究中，该方法的核心是以“关系”为视角，以流数据为主要依据，通过中心性、核心—边缘结构等途径分析节点间的相对关系以及该区域的网络结构特征（李兰倩 等，2021）。度中心性是社会网络分析中刻画节点中心性（Centrality）直接度量指标，一个点越具有较高的度数中心度，那么该点越是居于网络的中心地位（刘军，2004），在有向图中，每个点的度数可以分出度（Outdegree）和入度（Indegree）。在城市研究中使用网络节点中心性数量指标，例如点出度或总体网络连接度，代表城市的地位或影响力已受到普遍认可（Wei et al.，2022）。通过社会网络分析，我们采用“出度中心度”来衡量城市在热门内容网络中的地位，出度中心度越高，意味着该城市的内容影响力越高。

四、“领袖城市”与“领袖城市程度”的关系

这里需要进一步厘清的是“领袖城市”和“领袖城市程度”之间的关系。任一城市，经由前文中的测量方法，都会有一个或低或高的“领袖城市程度”，根据“领袖城市程度”可以对城市的“热门内容”影响力进行排序。在这里我们并不划定一个“阈值”作为界定“领袖城市”或“非领袖城市”的门槛，这里对“领袖城市程度”的排序也并不作为中国“领袖城市”的排名榜单。这是因为本书采取的是对城市进行随机抽样的方式，并未纳入中国所有的城市，若简单的用“是否是领袖城市”进行区分，也容易产生歧义（例如本书随机抽取的城市样本中并未包含作为首都的北京，若简单进行是或否的区分，容易令人误以为北京不是“领袖城市”，或上海相对北京而言更能成为“领袖城市”）。

因此，我们不再切分一个门槛值去硬性地区分“是不是领袖城市”，而是以“领袖城市程度”来对各个城市的“热门内容”影响力进行排序。越是高值，表明在本文中，城市作为“领袖城市”的角色越强烈、越鲜明，越是接近于最高意义上的、最完全的“领袖城市”；反之，越是低值，则表示着城市距离成为一个“完全领袖城市”就越远，内容影响力越弱。

第四节　问题分析与研究假设

前文已经明确阐述了“领袖城市”的内涵与测量方式。下文为了便于叙述，将由不同城市两两之间“热门内容”彼此影响的程度所构成的网络称为城市热门内容传导网络。在上述基础上，首先提出本章最为基本的假设：如果存在“领袖城市”，那么越是在城市热门内容传导网络中具有高影响力的城市，越能够影响其他城市热门内容的走向，因此越是与尽可能多的其他城市的热门内容具有尽可能更高的内容相似度。也即 H1：各城市的“领袖城市程度”，与其和其他所有城市的热门内容相似度呈正相关。其中补充说明的关键点是：城市之间的热门内容相似度，不是指它们在某些热门内容上的“局部”相似，而是在“整体”热门内容上的相似。也即，把一个城市包含的所有热门帖文共同纳入进来成为一个整体，在此基础上考察城市之间的热门内容相似度。在此基础上，继续分析和论证的相关联问题和命题如下。

由于“领袖城市”的“热门内容”具有较高影响力，那么一个城市的“领袖城市程度”越高，那么该城市的帖文普遍热度也会更高，因此帖文的热度总和也更高。为了便于说明，我们用“城市传播热度”来进行表述，“城市传播热度”意味着该城市所有热门帖文的热度总和。在此基础上，一个城市的“领袖城市程度”越高，其自身的传播热度也越高。因此由 H1 可以推导出 H2：各城市的“领袖城市程度”，与其自身的传播热度呈正相关。

将全部城市按照“领袖城市程度”进行排名，由于“领袖城市程度”越高就越具有内容影响力，因此“领袖城市程度”最高的城市也就成为各个城市热门内容趋同的共同“标的”。因此由 H1、H2 可以自然推出 H3：各城市的“领袖城市程度”，与其和“领袖城市程度”最高的城市的内容相似度呈正相关。

如果 H1、H2、H3 均成立，那就说明，不同城市的热门内容会在“领袖城市”的引领下，朝向“领袖城市”的热门内容趋同。在此基础上，我们可以提出以下三个推论，以进一步验证上述假设的可靠性。

由于“领袖城市”会使得其他城市的热门内容变得与自己越来越相似，因此，尽管各个城市的热门内容具有差异性，但城市热门内容传导网络整体会变得越来越收拢而非彼此割裂。这意味着城市热门内容传导网络整体会朝着较为一致的方向演化，而不是朝着多个方向发展。这种趋于一致的演化可以用网络一致性进行衡量。一致性分析作为一种方法，可以用来揭示在面对某些类型的文化内部变动性（certain kinds of intra-cultural variability）的条件下，对一系列问题在文化上给出的正确答案。推而广之，我们可以计算任何两个匹配向量之间的相似性（刘军，2014）。一致性分析能够显示出一个群体在知识、评价或实践方面的高度一致或同质性（Caulkins et al.，1999）。由此我们提出推论 1：城市热门内容传导网络具有网络一致性。

在推论 H1 为假设的基础上，由于城市之间的“领袖城市程度”存在差异，那么各个城市之间形成的城市热门内容传导网络应当具有“核心—边缘结构”。社会网络分析中的核心—边缘结构分析基于节点之间联系的程度分为核心和边缘两大区域。我们可以认为“领袖城市程度”高的城市居于核心地位。由此提出推论 2：城市热门内容传导网络具有“核心—边缘结构”，且核心城市具有更高的传播热度。而且核心城市相比于边缘城市而言，具有更高的传播热度。因此如果推论 2 成立，我们提出推论 3：相比于“边缘”城市，“核心”城市具有更高的传播热度。如果推论 2 和 3 成立，那么说明相比于边缘城市，核心城市更能引领其他城市的热门内容，因此这也意味着核心城市和更多的城市具有更高的相似度，也即核心城市也会处于内容相似网络的中心。由此，我们提出推论 4：相比于“边缘”城市，“核心”城市更居于城市热门内容相似网络的中心。

在上述推论的基础上，“领袖城市”对“热门内容”的引领作用，与不同城市之间热门内容的趋同性是紧密相关的。若我们将城市两两之间“热门内容”彼此的相似程度构成的网络称为城市热门内容相似网络，那么就可以验证城市热门内容传导网络和城市热门内容相似网络的同构性。由此提出推论 5：城市热门内容传导网络与城市热门内容相似网络具有同构性。

上述子假设和推论的关系如下：H1 是所有假设成立的基础，由 H1 推出 H2，H2 进一步推导出 H3；推论 1 至推论 5 是基于三个子假设的自然延伸（图 7.1）。

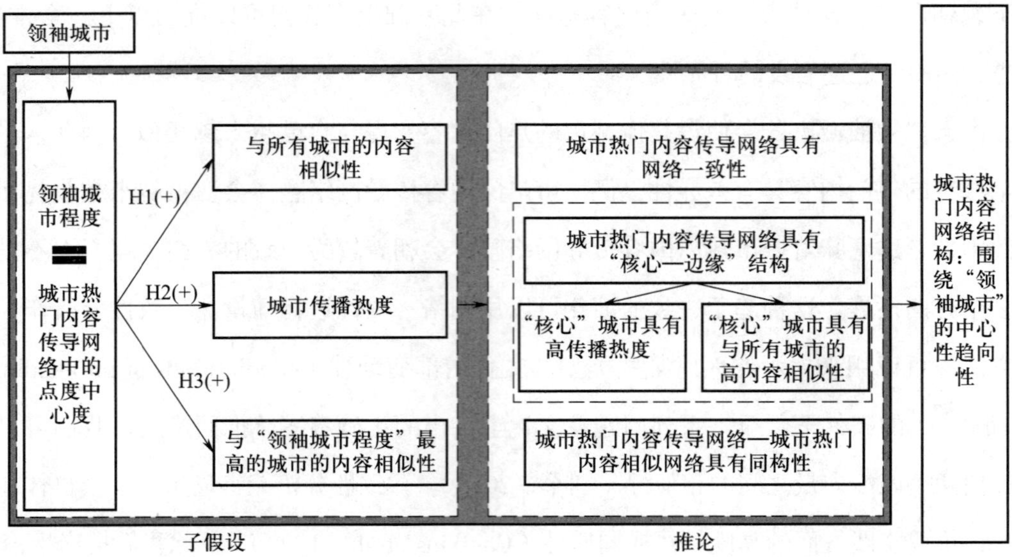

图 7.1 “领袖城市”的三个子假设与五个推论

第五节 研究设计

一、城市热门内容的选取

参考现有研究中许多学者界定的热门内容的临界值，例如谢海涛等使用了基于卷积神经网络构建的热门新闻识别模型 RHC（Recognition of Hot News Based on CNN）进行热门新闻的识别，并在训练过程选取了 20% 作为热门新闻的临界值（谢海涛 等，2019）；Guo 等（2012）在对推特热门话题识别的研究中，使用了 FP-Stream 算法模型，在对热门话题的界定中研究者将阈值选为 0.03。在现有研究的基础上，本书划分是否热门内容的热度阈值还结合如下考虑：第一，需要尽可能地缩小热门内容所占的数量比例，选取出各个城市中最具影响力的热门内容；第二，这个比例内容中应当包含各个城市热门内容的特征。在本研究中，由于各个城市帖子数量分布存在差距，因此对每个城市取前 10% 的帖子作为最热门的帖子，以确保各个城市具有足够的样本量，各个城市的热门帖文也能够充分的得到反映。

二、城市热门内容传导网络的构建

本研究的目的是研究城市与城市之间热门内容的影响程度，结果受到新闻和信息的交换速度的影响较小，且较长的时间段更能表明影响的稳定性。因此，为描述信息动态分布情况，本研究将各个城市的内容按发布时间顺序排序后，分为前三年（2015 年 1 月 1 日—2017 年 12 月 31 日，以下称为 T1）与后三年（2018 年 1 月 1 日—2020 年 12 月 31 日，以下称为 T2）。按照时间分为两部分，则单个城市的这两部分帖子最少的各有 50 条。采用这种方式划分，可以有效地体现城市在一段时间内的相互影响程度。同时由于部分城市的帖子较少，这样进行划分也有利于增强内容的代表性。

对 30 个城市组成的热门帖子，统计各城市帖子在 50 个内容类别中的出现频率，然后进行交叉滞后面板分析，以确定 T1 期间各个城市的帖子内容会在多大程度上影响 T2 期间的帖子内容或反映在其中，若 T1 期间 A 城市的帖子内容影响了 T2 期间 A 城市以及其他城市的帖子内容，它们之间的相关性应该大于 Rozelle-Campbell 基线。基于 30 个城市热门内容彼此影响的程度，形成 30 × 30 的矩阵。在这个矩阵中，每一行或每一列——或者网络中的“节点”——代表一个城市。每个单元格中对应两个城市 A(行）和 B(列）的值——“边”——表示 T1 时刻城市 A 与 T2 时刻城市 B 帖子之间的内容影响程度。

三、城市热门内容相似网络的构建

在本研究中，针对每个城市，将其所有样本帖拼接为一个长文，30 个城市共得到 30 个长文档。采取常用的模块 scikit-learn 中的 CountVectorizer（ ）函数得到每个城市的词频矩阵，最低词频数设为 5，最大文档频率设为 0.5，得到词频矩阵后转为经 L2 规范化的 TF-IDF 矩阵 $\boldsymbol{X}$，然后采取潜在语义分析对 $\boldsymbol{X}$ 进行降维和内容特征提取。潜在语义分析（Latent Semantic Analysis，LSA）是一种文本降维和分布式语义表示方法（Dumais，2004），可以把数万、数十万以上的高维、稀疏表示降到数千、数百的低维表示，而且这种低维向量反映着词汇在语义上的内在联系。在本研究中，对每个城市的词频矩阵一律通过潜在语义分析降维到 100 维，在该维度时已达到 0.95 的解释方差比（explained_variance_ratio_），降维后各维数的方差值占总方差值的比例，最大值为 1，对于原始信息已有足够充分的保留和反映。

将每条帖子转为向量后，依此计算帖子和帖子之间的内容相似度。两条帖子之间的点对点的相似度采用常用的余弦相似度（张振亚 等，2005；武永亮 等，2017），也即两条帖子分别转换得到的两个向量 A、B，计算它们之间的夹角 θ 的余弦 $\cos(\theta)$，值域为［-1，+1］，值越大表明这两个城市之间的内容越相似。

基于 30 个城市热门内容彼此相似的程度，形成 30×30 的矩阵（图 7.2）。在这个矩阵中，每一行或每一列——或者网络中的“节点”——代表一个城市。每个单元格中对应两个城市 A（行）和 B（列）的值——“边”——表示城市 A 与城市 B 帖子之间的余弦相似度。

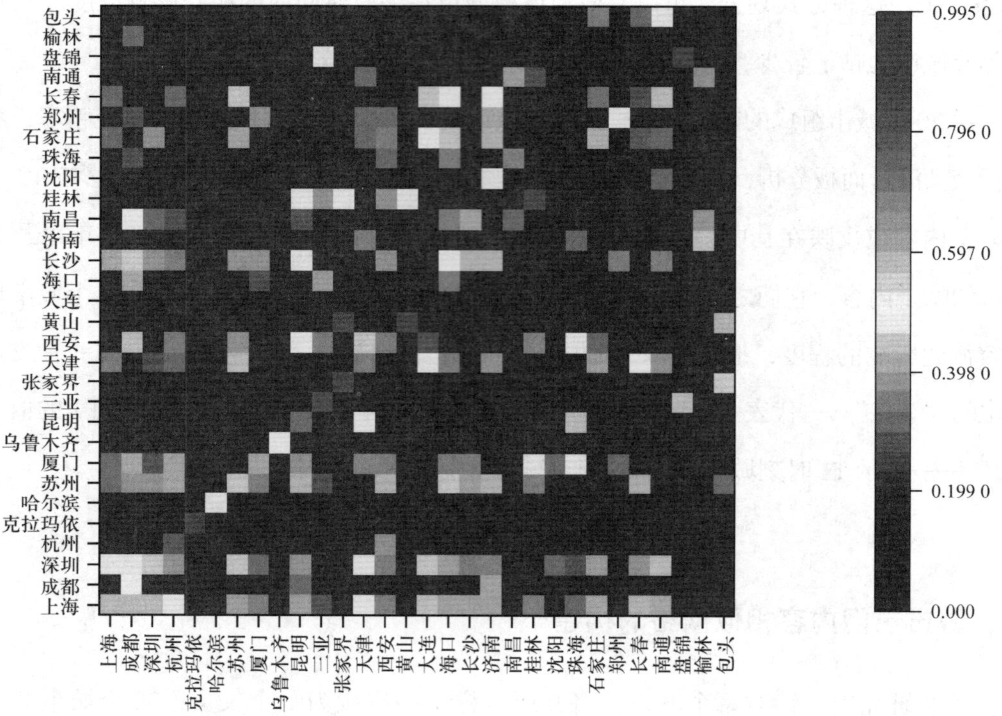

图 7.2　城市热门内容传导网络矩阵

第六节　研究结果

一、各个城市的“领袖城市程度”与传播热度

通过计算城市热门内容传导网络中各个城市的出度中心度，我们可以得到各个城市的“领袖城市程度”（表 7.1）。从“领袖城市程度”的排名结果可以发现，上海是“领袖

城市程度”最高的城市，紧随其后的是深圳，这也与现有研究，以及关于一线城市、特大城市在国际传播中的定位的研究较为吻合。例如城市网络的相关研究表明，不同网络的联系密度、城市间的交流难度、城市的角色与地位排序虽各有差异但整体相近，北京、上海等重点城市在各网络中均占据重要的中心地位（沈文成 等，2023）。这也进一步说明本研究结果符合实际情况。

表 7.1　各个城市的“领袖城市程度”与传播热度

城市	领袖城市程度	城市内容传播热度
上海	18	3 514.43
深圳	17	1 551.36
苏州	14	449.67
厦门	13	354.19
长沙	12	193.61
天津	10	304.75
西安	10	194.24
石家庄	10	71.45
长春	8	63.39
南昌	7	79.09
桂林	5	72.19
郑州	5	69.93
珠海	4	99.01
南通	4	57.51
海口	3	103.58
济南	3	88.35
包头	3	10.49
成都	2	1 298.27
昆明	2	317.34
黄山	2	136.86
沈阳	2	85.06
杭州	1	1 156.91
三亚	1	232.98
张家界	1	175.68
盘锦	1	39.49
榆林	1	29.92
克拉玛依	0	479.90
哈尔滨	0	479.35
乌鲁木齐	0	344.13
大连	0	162.15

二、子假设 H1 的检验："领袖城市程度"与内容相似度

根据假设 H1，对各城市的"领袖城市程度"，以及该城市和其他城市的内容相似度进行相关系数及显著性的检验。结果显示存在显著的正相关性，Pearson 相关系数为 0.502（$p<0.01$，$N=30$）。这表明一个城市的"领袖城市程度"越高，其与各个城市的内容相似度就越高。

三、子假设 H2 的检验："领袖城市程度"与城市传播热度

根据假设 H2，对各城市的"领袖城市程度"与其自身的传播热度进行相关系数及显著性的检验。根据对表 7.1 的第二、三列数据做的相关系数分析，结果显示城市的"领袖城市程度"与城市传播热度存在显著的正相关性，Pearson 相关系数为 0.483（$p<0.01$，$N=30$）。这表明一个城市的"领袖城市程度"越高，该城市的传播热度越高。

四、子假设 H3 的检验：朝向"领袖城市程度"最高城市的内容相似性

根据假设 H3，对各城市的"领袖城市程度"及其与"领袖城市程度"最高的城市的内容相似性进行相关系数检验，结果显示存在显著的正相关性。Pearson 相关系数为 0.609（$p<0.01$，$N=30$）。这表明"领袖城市程度"越高的城市，与"领袖城市程度"最高的城市的相似度越高。

五、推论 1 的检验：热门内容传导网络的网络一致性

对城市内容传导网络进行网络一致性分析，较大的特征比表明与共识模型拟合良好。因此，城市热门内容传导性网络存在着网络一致性，整体会朝向一个方向趋同。这说明各个城市的热门内容都会共同受到一个方向的影响，可以进一步证实"领袖城市"存在的合理性（图 7.2，表 7.2）。

表 7.2　网络一致性分析

网络一致性分析	
No.of negative competencies：	2
Largest eigenvalue：	14.479
2nd largest eigenvalue：	4.11
Ratio of largest to next：	3.522

六、推论 2、3、4 的检验：热门内容传导网络的核心—边缘结构

核心—边缘结构分析根据网络中节点之间联系紧密程度，将网络中的节点分为核心区域和边缘区域，处于核心区域的节点在网络中占有比较重要的地位。对城市内容传导网络进行“核心—边缘”结构分析，结果显示，存在核心边缘结构，拟合度为 0.58。有 10 个城市为核心城市，20 个城市为边缘城市（表 7.3）。核心城市包括：上海、深圳、苏州、厦门、天津、西安、海口、长沙、石家庄、长春。推论 2 成立。

表 7.3　内容传导网络的核心—边缘结构分析

核心—边缘结构分析
Core/Periphery fit（correlation）= 0.575 6
Core：上海　深圳　苏州　厦门　天津　西安　海口　长沙　石家庄　长春
Periphery：成都　杭州　克拉玛依　哈尔滨　乌鲁木齐　昆明　三亚　张家界　黄山　大连　济南　南昌　桂林　沈阳　珠海　郑州　南通　盘锦　榆林　包头

分别对核心城市与边缘城市的传播热度进行独立样本 t 检验，研究发现，二者具有显著的差异性，P 值（双侧）小于 0.05，且核心城市的传播热度显著高于边缘城市的传播热度。推论 3 成立。

对热门内容相似网络进行核心—边缘结构分析（表 7.4），结果显示，存在核心—边缘结构，拟合度为 0.85。将热门内容传导网络中的核心城市与热门内容相似网络中的核心城市进行对比，研究发现，除了厦门、海口、石家庄以外，在城市热门内容传导网络的核心城市也处于内容相似网络的中心，说明多数核心城市与更多城市具有内容相似性。推论 4 成立。

表 7.4　内容相似网络的核心—边缘结构分析

核心—边缘结构分析
Core/Periphery fit（correlation）= 0.85
Core：上海　成都　深圳　杭州　苏州　昆明　天津　西安　大连　长沙　郑州　长春
Periphery：克拉玛依　哈尔滨　厦门　乌鲁木齐　三亚　张家界　黄山　海口　济南　南昌　桂林　沈阳　珠海　石家庄　南通　盘锦　榆林　包头

七、推论 5 的检验：热门内容传导网络与内容相似网络的同构性

首先，对各城市的“领袖城市程度”及其在内容相似网络中的中心性进行相关系数检验，结果显示存在显著的正相关性。Pearson 相关系数为 0.482，p<0.01，N=30。这表明“领袖城市程度”越高的城市，越处于内容相似网络的中心，与其他城市的内容相似性越高。同时，在 Ucinet 软件中进行 QAP 相关分析，结果显示，二者相关系数为 0.327，显著性为 0.00。这表明热门内容传导网络和热门内容相似网络两个矩阵之间具有相关性，且这种相关性能够经受统计检验。上述结果共同表明城市热门内容传导网络与热门内容相似网络存在同构性，也即城市热门内容的彼此影响与城市热门之间的彼此趋同二者是紧密相关的（图 7.3，表 7.5）。

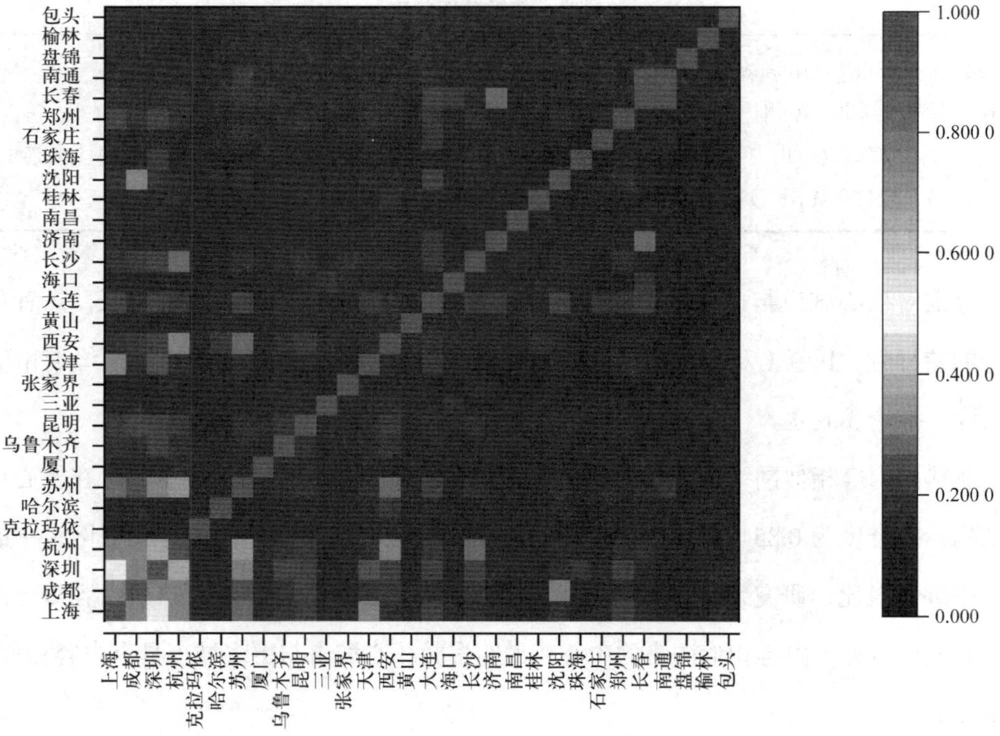

图 7.3　城市热门内容相似度矩阵

表 7.5　各个城市在热门内容相似网络的点度中心度

城市	点度中心度	城市	点度中心度
深圳	4.301	石家庄	1.299
杭州	3.91	南通	1.203
上海	3.812	厦门	1.161
苏州	3.581	珠海	1.074
成都	3.509	包头	1.069
西安	3.354	海口	1.052
大连	3.309	哈尔滨	0.985
长春	2.561	三亚	0.958
昆明	2.545	榆林	0.734
天津	2.469	桂林	0.7
郑州	2.454	南昌	0.65
沈阳	2.431	张家界	0.564
长沙	2.398	黄山	0.491
乌鲁木齐	2.028	盘锦	0.445
济南	1.409	克拉玛依	0.431

第七节　小　结

本章的核心创新在于：明确提出中国城市传播网络中的“领袖城市”现象与概念，并通过三个子假设和五个推论实证检验了围绕“领袖城市”形成的中心趋向性的城市内容网络结构。研究结果表明，在国际社交媒体平台中：高“领袖城市”程度的城市能够引领其他城市的热门内容朝向自身热门内容靠拢；城市热门内容网络之间形成了围绕“领袖城市”的中心趋向性结构。研究从城市网络层面为国际传播提供了新的理论研究视角，并深化了国际传播中对于关系结构维度的研究。同时有助于更好地把握城市内容网络的结构与规律、推动城市间的传播协同以更好地提升国际传播的整体效能。

从作为一种权力网络的城市内容网络来看，“领袖城市”在城市热门内容网络中占据关键位置，能够成为卡斯特所说的“权力的开关”，我们要重视其角色与作用。曼纽尔·卡斯特（2001）在《网络社会》中指出，作为一种历史趋势，信息时代的支配功能与过程日益以网络组织起来。城市作为网络社会中的重要节点，其功能就是网络的服务中心、管理和控制中心，城市网络也成为流动空间结构的核心（孙中伟，2013）。城市成为各种“流”的集聚空间，城市网络中蕴含着各种流动的要素，与“物质流动”相比，城市之间的“信息流动”具有独特的地位和作用，因为在网络社会中“信息的流动”与“权力的流动”具有密切关系。在《传播力》（*Communication Power*）一书中，卡斯特基于“网络社会”的语境和脉络提出了他的“传播力”理论。这一理论从“权力”的视角出发理解“传播”，并提出了网络社会中传播与权力的“同构”关系（唐荣堂 等，2018）。从这一视角出发，不同城市之间的热门内容网络也是一种权力网络。权力关系中蕴含着流动逻辑，在由关系网络建构起来的部分社会形态中，权力的博弈更多地体现在对控制流动性的有利位置的争夺以及对节点中流动性的控制上（胡海 等，2022）。从这个角度来说，“领袖城市”能够成为卡斯特所说的“权力的开关”，而掌握了开关机制也就是掌握了权力，因此“领袖城市”控制着用户注意力与城市热门话语的流动性、并决定了什么内容可以在中国城市传播场域获得最大的可见性。借鉴有关学者提出的“城市帝国主义”的现象和机制，也即承认城市承载特定意识形态和文化霸权的机器的意义和作用（徐翔，2012），如果我们将城市认识为一种承载着特定话语的“意识形态机器”，那么“领袖城市”就是能够控制这个机器的开关。

对于国际实践而言，一方面，我们要利用好围绕“领袖城市”的中心趋向性结构，提升国际传播效能。我们特别要重视“领袖城市”对于中国城市热门内容的引领作用，增强城市网络对于传播效能的驱动作用，提升中国城市的国际传播影响力。我们要善于通过“领袖城市”的来间接调节和影响其他城市的热门内容，进行“真实、全面、立体”的“中国声音”的复制。在具体的实践中，我们可以着重对“领袖城市”以及核心城市进行传播与推介，让“领袖城市”一以当十，成为城市国际社交媒体传播的主导力量，引领其他城市的内容发展与形象塑造，从而最大化提升城市群的对外传播势能，使各个城市形象之间融合共振，共同呈现出“真实、立体、全面”的中国。另一方面，我们也需要关注这一城市内容网络结构可能带来的负面影响，避免“权力的开关”被滥用。在国际传播语境下，中国城市的热门话语背后存在着复杂的国际权力竞争与话语权博弈，而“领袖城市”的结构中潜藏着隐秘的影响城市舆论及涉华舆论的能力，“领袖城市”这个“权力的开关”一旦被某些反华势力利用，则将会沦为西方操纵涉华负面舆论的新工具，我们要警惕其可能带来的权力操纵以及舆论操纵后果。

第八章　结语①

第一节　研究总结

1. 中国城市在国际社交媒体传播中的内容类型与效果特征。在内容类型层面，国际社交媒体平台中与中国城市相关的帖文可以分为以下类别：城市文化、历史和艺术；城市旅游基础设施与休闲娱乐；城市一般基础设施；经济、金融、商业与就业；政治；军事、武器与航空飞行；照片与影视；新闻与社会；科技制造与创新；人物与名人；体育、娱乐活动、音乐演出与节日；学校与教育；个人心情；城市发展与特定城市；新冠疫情；国际交流、合作与会议；美与时尚。这些内容类别的传播热度存在显著差异，其中传播热度较高类别为体育、娱乐活动、音乐演出与节日，城市发展与特定城市，城市自然资源与自然环境，政治，城市一般基础设施这五类。

2. 中国城市在国际社交媒体传播中的内容"热趋同"现象与特征。中国城市在传播中的内容趋同呈现出"热趋同"的发展态势。研究结果表明，国际社交媒体中城市的内容趋同并非是无差别的、均等的，而是存在随着传播热度上升、内容趋同程度不断加深的趋势。本书用"热趋同"来描绘这一内容趋同现象，也即传播热度每提高一个层级，则内容多样性的程度就有所降低，内容趋同的程度就有所增加。中国城市在传播中呈现内容"热趋同"的特征。研究发现，中国城市内容"热趋同"类别具有集中性，超过三分之二的城市帖文随着传播热度升高，朝向体育、娱乐活动、音乐演出与节日，政治和新冠疫情这三类内容类别趋同；以帖子数量分布比例为衡量指标的内容趋同类别，与随着传播热度上升而形成的帖子内容"热趋同"类别之间存在差异。

3. 中国城市在国际社交媒体传播中内容趋同与效果困境。对三十个样本城市规划中的战略定位与帖文内容传递出来的形象进行对比，可以发现多数城市目前与其战略定位存在一定差距。其中，城市内容"热趋同"现象对于城市传播的效果与城市形象塑造造

① 本章为徐翔、余珺君共同完成。

成了不利影响，特别是其在国际社交媒体中呈现出的高度政治化的形象，导致城市其他定位和形象在社交平台上的影响力被大大弱化，城市各维度的形象严重失衡。同时，文化形象还随着帖文传播热度升温逐渐被遮蔽，这些都不利于我国城市文化与中国文化的国际传播。

4. 中国城市在国际社交媒体传播中内容趋同方向。中国城市的内容“热趋同”具有特定方向。研究发现，对于热门内容而言，其看似分布在不同的内容类别之中，但实际上这些内容类别都会共同朝着中国城市传播场域的高热内容类别发生趋同。由于不同城市的内容“热趋同”是朝向特定内容类别的趋同，因此内容类别具有共同的方向，也反映出不同城市的内容“热趋同”存在着趋向热门的一致方向性。

5. 中国城市在国际社交媒体传播中的内容趋同结构。中国城市在国际社交媒体传播中存在“领袖城市”的内容趋同结构。各城市热门内容受到“领袖城市”的影响，朝向“领袖城市”的热门内容靠拢。中国城市在国际社交媒体传播中的内容传播结构分析。“领袖城市”指的是中国城市在国际社交媒体传播场域内、在热门内容领域的影响力。研究发现，高“领袖城市”程度的城市对不同城市的热门内容具有高影响力，高“领袖城市”程度的城市的热门内容代表了内容“热趋同”的方向。不同城市的内容“热趋同”现象实际上是“领袖城市”对“热趋同”方向的引领作用下产生的中国城市传播场域热门内容趋同化的表征。

6. 中国城市在国际社交媒体传播中的传者构成与热帖用户特征。从传播主体来看，Twitter 平台上的城市传播主体、活动主体与关键影响力用户主要是发达国家的网民以及西方主流媒体，西方主流媒体与名人仍然是中国城市国际社交媒体传播中的舆论领袖。中国主流媒体在平台上所输入的信息量尽管在增加，但是与西方主流媒体输入的信息量相比，差距还非常大，中国主流媒体在平台上缺乏输送信息、传播信息的代理人。

第二节　理论思考：城市传播的“流动性”之思

曼纽尔·卡斯特（2001）在《网络社会的崛起》中指出，作为一种历史趋势，信息时代的支配功能与过程日益以网络组织起来。网络是一组相互连接的节点，节点是曲线与自身相交之处，节点依据具体的网络种类而定。网络中的各个节点存在的作用和意义就蕴含在与其他节点的互动之中，这种互动过程围绕着信息、物质甚至权力等展开，在这种互动过程作为网络社会物质基础的“流动空间”也就此形成（曼纽尔·卡斯特，2001）。城市作为网络社会中的重要节点，其功能就是网络的服务中心、管理和控制中心，城市网络也成为流动空间结构的核心（孙中伟，2013）。城市成为各种“流”的集聚空间，城市网络中蕴含着各种流动的要素。与“物质流动”相比，城市之间的“信息流动”具有独特的地位和作用，因为在网络社会中，“信息的流动”与“权力的流动”具有密切关系。

在《传播力》（*Communication Power*）一书中，卡斯特基于“网络社会”的语境和脉络提出了他的“传播力”理论。这一理论从“权力”的视角出发理解“传播”，并提出了网络社会中传播与权力的“同构”关系（唐荣堂 等，2018）。卡斯特（2018）指出“权力源于网络的编制能力，这种能力最终取决于产生、扩散和影响构建人类活动的话语能力……话语通过一种特定的技术塑造公众心态：使社会化传播成为可能的传播网络”。换而言之，传播是通过交换信息而建构意义，而“建构意义”正是“话语即权力”脉络的重要体现（唐荣堂 等，2018）。因而，卡斯特认为，传播网络是社会上制造权力的基本网络。“在网络社会中，在围绕复合化数字传播的本地—全球网络构建的社会化传播领域中，其中也包括了媒体和互联网，话语得以生成、扩散、争斗、内化，并最终体现在人类行动中。因此，网络社会中的权力就是传播权力（曼纽尔·卡斯特，2018）。从这一视角出发，不同城市之间的内容传播网络也是一种权力网络。

在福柯的权力理论中，权力是一种普遍存在的力量关系（Foucault，1972）。曼纽尔·卡斯特（2018）也从关系的角度论证了网络社会中的权力，他认为可以从权力与反权力两个视角来看待权力生成的过程。与福柯相比，卡斯特强调权力关系的“不对等性”，也即，在权力关系中影响是相互的，但是某个或某些行动者比其他行动者有更大程度的影响力（唐荣堂 等，2018）。权力关系中蕴含着流动逻辑，在由关系网络建构起来的部分社会形态中，权力的博弈更多地体现在对控制流动性的有利位置的争夺以及对节点中流动性的控制上。因此，流动性的强弱也与权力关系与结构的形成息息相关。“在流动性越强的地方，稳定的权力关系和结构形成的难度越大，在流动性弱的地方，控制越容易实现”（胡海 等，2022）。正如卡斯特所说，“流动空间的第三个层次是占支配地位的管理精英（而非阶级）的空间组织……如果精英要保持他们的社会凝聚，发展一组他们可以相互理解并且支配他人的规则与文化符码以建立区分其文化—政治社群“内”与“外”的边界，那么，精英本身就不希望，也不能变成流动”。

因此，从作为一种权力网络的城市内容传播网络来看，中国城市在传播中形成的内容“热趋同”现象与围绕“领袖城市”所形成的内容趋同网络与结构，其背后也存在着城市内容的流动性受阻问题，导致城市内容在国际社交媒体平台的传播、流动的过程中走向另一种封闭，这使得权力的操纵与控制成为可能。国际社交媒体上中国城市形象，表面上是零散的、个体关于城市的“碎片”感受，但实际上是国际传播中多元话语经过“审视、变动、重组和再组合”（黄旦，2016）的过程，其背后也与权力相互交织。

传播媒介通过对权力关系的再造，影响着城市形象的可见性，而用户在内容扩散与网络互动中形成的关系网络与结构，形成了新的传播权力，并影响着城市形象可见性的形成。在新媒介语境下，城市形象可见性背后存在着权力的竞争与博弈。城市品牌社会化的过程不是民主的，因为不同的参与者在构建叙事方面拥有不同的权力。在国际传播语境下，中国城市形象背后还存在着更加复杂的国际权力竞争与话语权博弈。萨义德的东方主义表达了西方凌驾于东方之上的话语霸权，跨文化形象学关注形象生成背后的权力运作机制，强调西方中国形象中体现的西方霸权在垄断和控制全球形象生产和传播网络中的突出作用。

一、用户注意力的流动：看不见的多样性城市

在新媒介语境下，正如澳大利亚学者斯科特·麦奎尔（2013）提出的“媒体城市”概念，“21 世纪的社会生活日益成为生活在媒体城市中的生活”。在社交媒体中，对于城市的主观印象和评价能够主要存在于网民关于城市话题的意见表达之中，因此社交媒体中关于城市的帖文成为研究城市形象的新切入口（钟智锦 等，2020）。尽管本书并未对关于城市的帖文进行仔细区分，但这些关于城市的内容，不论是否直接涉及对该城市的感受与评价都与该城市相关，因此也可以成为城市形象的重要表征。

在网络社会中，由于注意力的稀缺性，因此如何生产注意力、捕捉注意力、并将注意力的流动固定下来，是获得权力的重要环节。由于城市热门内容是国际社交媒体平台中多数用户对于该城市的关注点和注意力所在，因此不同城市的热门内容在少数城市的引领下朝向共同的方向趋同，也限制着用户对于中国城市的关注领域与范围，使中国城市的多样性难以得到充分地展现。当前，各城市政府虽然在推进国际传播能力建设，提升国际传播效果上耗费了巨大的传播资源，但在国际社交媒体中，各个城市的热门内容

还是会共同朝向中国城市场域中的热门内容趋同这造成城市在国际社交媒体传播的过程中，有限的同质化内容获得越来越多的“可见性”与关注度，而其他关于城市的丰富内容则在这个过程中失去能见性与流动性，“真实、立体、全面”的城市形象始终难以得到呈现。

二、城市身份（urban identity）的流动：看得见的国家，看不见的城市

城市身份（urban identity）是指一个地方的地方特色，这种特色使其与其他地区产生差异，并使城市变得与众不同（Boussaa，2017）。城市品牌正是通过定义独特的城市形象和城市身份来创建的（Shirvani，2019）。在国际传播中，对于城市的认知无法脱离对国家的认知，因而异域城市形象总是兼具有家国性与地方性的色彩。城市内容“热趋同”方向的一致性，特别是其中包含着的浓厚的政治色彩与刻板印象，也反映出多数中国城市的“城市身份”仍然陷于共同的国家身份之中，面临着“城市身份”独特性缺失的困境。

在跨文化形象学中，周宁将形象分为作为表现的形象和作为话语的形象。作为表现的形象强调其作为一种符号表述系统的意义，而作为话语的形象则侧重于强调其原型意义，也即某种关于形象的原型形成将产生重要的构形力量。在这个意义上，他将中国形象理解为“流行于社会的一整套关于‘中国’的‘表现’或‘表述’系统。其中同时包含知识与想象、真实与虚构的内容，具有话语的知识与权力两方面的功能”（董军，2018）。“政治”是中国城市热门内容的集中类型，这些与政治相关的内容包含着大量对于“中国”一贯以来的刻板印象与偏见。这些以“城市”的名义指代“中国”的内容，其内容被抽离了真实城市的内涵，实际上反映的是置于各种权力体系中的中国形象。

三、城市话语的流动：作为“权力开关”的“领袖城市”

“话语”作为一种社会实践，是在一定数量下，被控制、选择、组织和再分配后产生的“权力网”（Foucault，1972）。国际社交媒体中关于城市的热门内容可以看作一种关于中国城市的话语，这种话语通过城市之间的传播网络发挥着权力的作用。在作为权力网

络的城市内容网络中，网络节点会对网络的流动性产生重要影响。而权力的博弈则更多地体现在对控制流动性的有利位置的争夺以及对节点中流动性的控制上（胡海，2022）。从这一角度来说，在城市内容传播网络中占据关键性位置的“领袖城市”能够成为卡斯特所说的“权力的开关”，而掌握了开关机制也就掌握了权力，因此“领袖城市”控制着用户注意力与城市热门话语的流动性、并决定了什么内容可以在中国城市传播场域获得最大的可见性。

在国际传播语境下，中国城市的热门话语背后也存在着复杂的国际权力竞争与话语权博弈，而“领袖城市”的结构中潜藏着隐秘的影响城市舆论以及掀起涉华舆论的能力。在这一特殊背景下，如果“领袖城市”这个“权力的开关”被某些反华势力利用，将会沦为西方操纵涉华负面舆论新工具。如果不加以规制，将会给中国的国家形象、国际传播带来阻碍。借鉴有学者提出的“城市帝国主义”的现象和机制，也即城市作为一种承载特定意识形态和文化霸权的机器的意义和作用（徐翔，2012），如果我们将城市看成一种承载着特定话语的“意识形态机器”，那么“领袖城市”则是能够控制这个机器的开关，我们要警惕其可能附带的负面效应，特别是其中蕴含的权力操纵以及舆论操纵后果。

城市的社交媒体传播力不只是使得其他城市讨论什么，也是使得其他城市如何“被讨论”和“被观看”“被呈现”，这种影响在相当程度上还缺乏“自觉”以及有意识的引导或应用，这是一种易被忽视的影响范式。同时，城市在国际传播中的影响力，不仅是具有作为“世界城市”“全球城市”的控制力，或作为城市网络中的“关键节点”“信息开关”的权力，也是使得其他城市形象朝向自己趋同的能力和效果，这体现出一种不同的权力范式。

第三节　对策与建议

中国城市传播要正视与积极应对国际社交媒体中存在的挑战和机遇，加强社交媒体传播的战略规划与策略优化。这是改变当前中国城市国际社交媒体对外传播薄弱状态、推进我国现代传播体系建设的现实诉求，是应对国际势力在新兴社交媒体领域借助中国城市进行传播渗透的现实诉求，也是在社交媒体平台语境下提升我国城市国际传播能力和话语权、推动国际传播新秩序构建的战略需要。基于本书的实证考察与研究分析，提出如下建议：

1. 从城市国际传播战略层面，我们要高度重视城市整体规划与战略的引导作用，充分贯彻城市上位规划要求，把国际网络传播放在城市整体规划与战略定位的大格局中进行传播策略谋划，围绕城市规划中的功能定位，充分展现更加真实、立体、全面的城市形象。一是重视城市战略规划中的城市定位对于城市国际社交媒体传播的指导作用。城市规划体现了城市政府层面对于城市的综合部署意图，其中对于城市的性质定位对于城市的整体发展战略而言是最为重要的城市身份，城市国际社交媒体传播战略要充分贯彻和体现这一要求，把国际传播置于城市规划的大格局中以及重要的官方身份中进行系统谋划，围绕城市的功能定位，充分体现自身独特的城市形象。二是面对当前国际社交媒体中城市形象的失衡与内容“热趋同”困境，以城市战略定位作为指导，对热门帖文进行有效监测，及时根据情况调整传播素材，针对性地制定传播战略、调整和优化城市形象，呈现更具多元化、更加符合城市战略定位的城市形象。

2. 协调城市内容在传播中的丰富性与均衡性，发出多元立体的城市声音。增强从城市文化和城市实体形象的多样性、城市品牌的多样化与独特性，到城市媒介形象和网络空间的城市传播多样性维度的反思。在城市的规划与设计领域，多样性是城市可持续发展的核心要素（仇保兴，2012），正如著名美国城市规划学家简·雅各布斯（2005）强调“多样性是城市的天性”。随着“媒介城市”越来越成为城市的重要部分，“城市在一定程度上存在于媒体中”（Törnberg et al.，2022）。从这个意义上而言，城市传播内容“热趋同”现象一定程度上会导致国际社交媒体中的“媒介城市”走向同质化、单一化，人们本该关注并欣赏每个城市展现出来的多元性与丰富性，但物理意义上的多样化城市却被媒介意义上的同质化“城市”所限制。因此，未来在进行城市国际传播的时候，要努力实现传播有效性与传播丰富性两者的结合。一方面，要加强对于国际社交媒体中与中国城市相关的传播内容及舆情监测，积极主动的输出中国自己的声音与故事，增大传播声量，主动引导与城市相关的热门话题，成为国际社交媒体城市场域议程的设置者与引导者，努力让属于本城市的官方声音成为城市传播中的主流声量；另一方面，也要协调好传播内容的集中性、话题性与题材、内容的丰富性之间的矛盾，避免过度迎合平台的热门话题或流行的内容及话语风格，而是充分地将城市景观、空间格局、产业生态、历史人文等多元化的实体城市形象素材以社交媒体平台喜闻乐见的呈现方式进行传播，展现中国城市全面、多元的形象。

3. 借助“领袖城市”内容传播结构，最大限度发挥城市国际传播能效，提升中国在城市传播场域中的话语主导权。在中国城市的热门内容网络之中，“领袖城市”具有结构性优势，不论是想要改善中国城市传播内容“热趋同”现象的负面影响还是增强中国城市国际传播的能力，都不能忽视“领袖城市”及其在城市内容网络中具有的结构性优势与功能。关注城市传播所处的内容网络结构可能带来的负面影响，避免“权力的开关”被滥用。“领袖城市”这个“权力的开关”如果被某些反华势力利用，将会沦为西方操纵涉华负面舆论的新工具，我们要警惕其可能带来的权力操纵以及舆论操纵后果。对“领袖城市”作用与功能的有效利用有助于我们获得城市话语的主导权。这启示我们，在城市国际传播中，不仅要重视传播内容，还要重视城市内容网络结构的价值。我们需要改变过去以单一、局部视角看待城市传播的方式，将中国城市传播置于城市热门内容网络中进行考察，从单一城市内容传播效果的优化，到中国城市内容网络结构的优化。特别要重视“领袖城市”对于中国城市热门内容的引领作用，善于通过“领袖城市”的来间接调节和影响其他城市的热门内容，进行“真实、全面、立体”的“中国声音”的复制。在具体的实践中，我们可以着重对“领袖城市”以及核心城市进行传播与推介。让“领袖城市”一以当十，成为城市国际社交媒体传播的主导力量，引领着其他城市的内容发展与形象塑造，从而最大化城市的对外传播势能，使各个城市形象之间融合共振，共同呈现出“真实、立体、全面”的中国。

同时，强调从城市传播到“城市群落”传播，我们要重视中国特征“城市群”的“打包”出海与优化，有意识地形成和加强“中国味城市群”“江南城市群”“中国后工业城市群”等的引导，“借势出海、因势利导”。顺应国家形象、国家战略需求进行“领袖城市”“领袖城市群”的打造，避免两者的“错位”。

4. 协调跨文化传播中的城市身份与国家身份，将国家刻板印象转为积极形象。面对当前存在的政治刻板印象的传播阻碍，中国城市可以在国际社交媒体中构建独特的城市品牌与城市身份，并进行有意识的传播与推介，为国家整体外宣战略贡献地方力量。城市品牌化的目标是发现或创造某种独特性，使一个地方与其他地方区别开来，从而获得有竞争力的品牌价值（Ashworth G，2009），城市品牌是城市发展的重要资产，是城市脱颖而出、提升城市定位的有效工具（Ashworth G 和 Kavaratzis M，2009）。面对当前跨文化传播中城市身份与独特性缺失的传播困境，部分城市在传播的过程中可以尝试与国家保持一定距离。参考 Crilley 等（2020）提出的“Un-nation branding”理论，指的是在宣传一个国家时，尽量不提及该国家，而是通过城市（或地区）来象征自己，以使自己对他人有吸引力。一些在政治上比较敏感的城市，例如克拉玛依、乌鲁木齐等城市，可以积极传递与导致危机和城市负面形象相反的信息，或者发起“counter-messages offensive”（Kotler P et al.，1993），通过积极地传播来重新树立新的城市品牌形象。构建中央—地方各级联动，多主体、立体式国际传播格局，是全面提升对外传播能力和实效的关键一环，虽然国家的刻板印象尽管难以变动，但建设好独特的中国城市品牌形象，随着时间的推移，与城市相关的价值和品质会转移到国家，从而提升国家的软实力资源（Crilley R 等，2020）。

5. 增强国际社交媒体上我国主流媒体的声量与影响力，并赋予各类传播主体参与城市形象构建的机会。不断加大在国际社交媒体上培育我国主流媒体代言人的力度，以培育更多传播中国城市信息的传播主体。同时大力倡导我国熟悉英文的本地城市网民、意见领袖多到国际社交媒体平台中传播信息，多参与社交媒体平台上关于城市的信息交流、沟通，传递中国城市声音，特别是培养长期活跃在体育、摄影、旅游等不同垂直领域的民间组织与“意见领袖”，这些意见领袖往往能收到政府和官方话语难以达到的信息渗透效果。例如在境外社交媒体平台上存在一批由在华外国人创建的账号，时常将自己对城市的所见所闻和切身感受进行个性化表达。他们不仅对中国基本国情和价值观念较为熟谙，而且能以海外民众熟悉的方式讲述城市故事，使城市形象在“不经意间”得到提升。因此，在严格把关的情况下，可以加大此类民间账号作为官方主流媒体信息来源的比例，通过相互转发或合作制作，使城市国际形象的塑造更具亲和力和说服力。

参考文献

[1] ADAMUS-MATUSZYŃSKA A, MICHNIK J, POLOK G. A systemic approach to city image building. The case of Katowice city [J]. Sustainability, 2019, 11 (16): 4470.

[2] AIELLO G, TOSONI S. Going about the city: Methods and methodologies for urban communication research—Introduction [J]. International Journal of Communication, 2016, 10: 1252-1262.

[3] ALLEN J. Powerful city networks: More than connections, less than domination and control [J]. Urban Studies, 2010, 47 (13): 2895-2911.

[4] ALTHEIDE D L. Snow R P. Media logic [M]. Beverly Hills: Sage, 1979.

[5] AMBORD P. Authenticity in tension with homogeneity in grassroots place branding [J]. Place Branding and Public Diplomacy, 2021, 17 (4): 348-358.

[6] ASHWORTH G, KAVARATZIS M. Beyond the logo: Brand management for cities [J]. Journal of Brand Management, 2009, 16 (8): 520-531.

[7] ASHWORTH G. The instruments of place branding: how is it done? [J]. European Spatial Research and Policy, 2009, 16 (1): 9-22.

[8] BAATTY M. Urban information networks: The evolution and planning of computer communications infrastructure [C] //BROTCHIE J, BATTY M, HALL P, et al. Cities of the 21st Century New Technologies and Spatial System. Boulder, Colorado: Longman Cheshire, 1991: 65-72.

[9] BEER D. Social network (ing) sites... revisiting the story so far: A response to danah boyd&. Nicol Ellison [J]. Journal of Computer-Mediated Communication, 2008, 13 (2): 516-529.

[10] BEERLI A, MARTIN J D. Factors influencing destination image [J]. Annals of Tourism Research, 2004, 31 (3): 657-681.

[11] BOUSSAA D. Urban regeneration and the search for identity in historic cities [J]. Sustainability, 2017, 10 (1): 48.

[12] BOY J D，UITERMARK J. How to study the city on instagram [J] . PLoS ONE，2016，11 (6)：e0158161.

[13] BOYD D M，ELLISON N B. Social Network sites：Definition，history and sholarship [J] Joumnal of Computer–Mediated Communication，2008，13 (1)：210–230.

[14] CASTELLS M. The Rise of the Network Society [M] . Oxford：Blackwell，1996.

[15] CAULKINS D，HYATT S B. Using consensus analysis to measure cultural diversity in organizations and social movements [J] . Field Methods，1999，11 (1)：5–26.

[16] CHOI J H，BARNETT G A，CHON B S . Comparing world city networks：A network analysis of internet backbone and air transport intercity linkages [J] . Global Networks，2006，6 (1)：81–99.

[17] CHOI S，LEHTO X Y，MORRISON A M. Destination image representation on the web：Content analysis of Macau travel related websites [J] . Tourism Management，2007，28 (1)：118–129.

[18] CRILLEY R，MANOR I. Un–nation branding：The cities of Tel Aviv and Jerusalem in Israeli soft power [M] . Cham：Palgrave Macmillan，2020.

[19] DHILLON I S，MODHA D S . Concept decompositionsfor large sparse text data using clustering [J] . Machine Learning，2001，42 (1)：143–175.

[20] Digital 2020：Global digital overview [EB/OL] (2020–01–30) [2022–07–15] . https：//datareportal. com/reports/digital–2020–global–digital–overview.

[21] DUMAIS S T. Latent semantic analysis [J] . Annual Review of Information Science and Technology，2004，38 (1)：188 – 230.

[22] FAN H，POSHINOVA A. Beijing capitalness and related challenges – Russian media perspective [J] . Place Branding and Public Diplomacy，2016，12 (1)：32–45.

[23] FORSTER T，LAMERZ L，MAINKA A，et al. The tweet and the city：Comparing Twitter activities in informational world cities [C] //Proceedings of the 3rd DGI Conference，2014：101–118.

[24] FÖRSTER T，MAINKA A. Metropolises in the Twittersphere：An informetric investigation of informational flows and networks [J] . ISPRS International Journal of Geo–Information，2015，4 (4)：1894–1912.

[25] FOUCAULT M A. The Archaeology of Knowledge [M]. New York: Pantheon Books, 1972.

[26] FREEMAN L C. Centrality in Social Networks: Conceptual Clarification [J]. Social Networks, 1979, 1 (3): 215–239.

[27] GILLANI N, YUAN A, SAVESKI M, et al. Me, my echo chamber, and I: introspection on social media polarization [C] //Proceedings of the 2018 World Wide Web Conference, 2018: 823–831.

[28] GRAHAM T, BRUNS A, ZHU G, et al. Like a virus: The coordinated spread of coronavirus disinformation [EB/OL]. (2020–06–01) [2022–07–15]. https: //apo. org. au/node/305864.

[29] GRUSZCZYNSKI M. How Media Storms and Topic Diversity Influence Agenda Fragmentation [J]. International Journal of Communication, 2020, 14: 4599 - 4620.

[30] GUO J, ZHANG P, JIANLONG TAN, et al. Mining Hot Topics from Twitter Streams [J]. Procedia Computer Science, 2012, 9 (11): 2008–2011.

[31] GUO L, MAYS K, WANG J. Whose Story Wins on Twitter? Visualizing the South China Sea dispute [J]. Journalism Studies, 2019, 20 (4): 563–584.

[32] HAN J, LEE S, MC COMBS M. The attribute agenda–setting influence of online community on online newscast: investigating the South Korean Sewol ferry tragedy [J]. Asian Journal of Communication, 2017, 27 (6): 601–615.

[33] HJARVARD S. The logics of the media and the mediatized conditions of social interaction [M]. Cham: Palgrave Macmillan, 2018.

[34] HODSON J, PETERSEN B. Diversity in Canadian election–related Twitter discourses: Influential voices and the media logic of# elxn42 and# cdnpoli hashtags [J]. Journal of Information Technology & Politics, 2019, 16 (3): 307–323.

[35] HOWARD H F. Global Communication and International Relations [M]. Belmont: Wadsworth Publishing Company, 1993.

[36] HU M, KEJRIWAL M. Measuring spatio–textual affinities in twitter between two urban metropolises [J]. Journal of Computational Social Science, 2022, 5 (1): 227–252.

[37] HU Y, YE X, SHAW S L. Extracting and analyzing semantic relatedness between cities using news articles [J]. International Journal of Geographical Information Science, 2017, 31 (12): 2427–2451.

[38] HUANG J，OBRACHT-PRONDZYNSKA H，KAMROWSKA-ZALUSKA D，et al. The image of the City on social media：A comparative study using "Big Data" and "Small Data" methods in the Tri-City Region in Poland [J] . Landscape and Urban Planning，2021，206：103977.

[39] JENNINGS W，BEVAN S，JOHN P. The agenda of British government：The speech from the throne，1911-2008 [J] . Political Studies，2011，59（1）：74-98.

[40] ZHU J H. Issue competition and attention distraction：A zero-sum theory of agenda setting [J] . Journalism & Mass Communication Quarterly，1992，69（4）：825-836.

[41] JOVCHESKI M. The image of Shanghai as presented by the Instagram Community [D] . Shanghai：Shanghai Jiao Tong University，2019.

[42] KAPLAN A，HAENLEIN M. Users of the world，Users of the world，unite！ The challenges and opportunities of Social Media [J] . Business horizons，2010，53（1）：59-68.

[43] KAVARATZIS M，ASHWORTH G J. City branding：An effective assertion of identity or a transitory marketing trick？ [J] . Place branding，2006，2：183-194.

[44] KIM W，JEONG O R，LEE S W. On social web sites [J] . Information systems，2010，35（2）：215-236.

[45] KLINGER U，SVENSSON J. The emergence of network media logic in political communication：A theoretical approach [J] . New media & society，2015，17（8）：1241-1257.

[46] KOTLER P，HAIDER D H，REIN I. Marketing places [M] . New York：Free Press，1993.

[47] KOWALIK K. Social media as a distribution of emotions，not participation. Polish exploratory study in the EU smart city communication context [J] . Cities，2021，108：102995.

[48] LEE B，LANCENDORFER K M，LEE K J. Agenda-setting and the Internet：The intermedia influence of Internet bulletin boards on newspaper coverage of the 2000 general election in South Korea [J] . Asian Journal of Communication，2005，15（1）：57-71.

[49] LEI W S，CHEN Z，ZHOU X，et al. Organic destination imagery and social media：Mapping tourism dynamics across China's Greater Bay Area cities [J] . Journal of China Tourism Research，2023，19（2）：197-220.

[50] LEVINE J H. The sphere of influence [M] //Social Networks. Cambridge：Academic Press，1977：433-446.

[51] LIM J. A cross-lagged analysis of agenda setting among online news media [J]. Journalism & Mass Communication Quarterly, 2006, 83 (2): 298-312.

[52] LIM S, NEETHIANANTHAN A R. Destination branding: 'Malaysia truly Asia' from the perspective of foreign tourists [C] //1st Asia-Euro Conference. 2006: 9-10.

[53] LOPEZ-ESCOBAR E, LLAMAS J P, MCCOMBS M, et al. Two levels of agenda setting among advertising and news in the 1995 Spanish elections [J]. Political Communication, 1998, 15 (2): 225-238.

[54] LYNCH K. The image of the city [M]. Massachusetts: MIT press, 1960.

[55] MAYFIELD A. What is social media [EB/OL]. (2020-04) [2022-07-15] http://crmxchange.com/uploadedFiles/White_Papers/PDF/What_is_Social_Media_iCrossing_ebook.pdf.

[56] MCCOMBS M, LLAMAS J P, LOPEZ-ESCOBAR E, et al. Candidate images in Spanish elections: Second-level agenda-setting effects [J]. Journalism & Mass Communication Quarterly, 1997, 74 (4): 703-717.

[57] MOWLANA H. Global information and world communication [M]. New York: Longman, 1986.

[58] NAN L, ANDERSON AA, BROSSARD D, et al. Channeling science information seekers' attention? A content analysis of top-ranked vs. lower-ranked sites in Google [J]. Journal of Computer-Mediated Communication, 2014, 19 (3): 562-575.

[59] NEAL Z. Differentiating centrality and power in the world city network [J]. Urban Studies, 2011, 48 (13): 2733-2748.

[60] REIMERS N. Sentence-BERT: Sentence embeddings using Siamese BERT-Networks [C] // Proceedings of the 2019 Conference on Empirical Methods in Natural Language Processing and the 9th International Joint Conference on Natural Language Processing, 2019: 3982 - 3992.

[61] SALVINI M M, FABRIKANT S I. Spatialization of user-generated content to uncover the multirelational world city network [J]. Environment and Planning B: Planning and Design, 2016, 43 (1): 228-248.

[62] SASAHARA K, CHEN W, PENG H, et al. Social influence and unfollowing accelerate the emergence of echo chambers [J]. Journal of Computational Social Science, 2021, 4 (1):

381–402.

[63] SHIRVANI DASTGERDI A, DE LUCA G. Strengthening the city's reputation in the age of cities: An insight in the city branding theory [J] . City, Territory and Architecture, 2019, 6 (1): 1–7.

[64] SIGLER T J, MARTINUS K. Extending beyond 'world cities' in World City Network (WCN) research: Urban positionality and economic linkages through the Australia–based corporate network [J] . Environment and Planning A: Economy and Space, 2017, 49 (12): 2916–2937.

[65] SMITH D A, TIMBERLAKE M F. World city networks and hierarchies, 1977–1997: An empirical analysis of global air travel links [J] . American Behavioral Scientist, 2001, 44 (10): 1656–1678.

[66] SODERSTROM O, MERMET A C. When Airbnb sits in the control room: Platform urbanism as actually existing smart urbanism in Reykjavík[J]. Frontiers in Sustainable Cities, 2020, 2: 15.

[67] STEINFELD N, LEV–ON A. Writings on the city wall: An analysis of popular municipal Facebook pages posts [M] //New Approaches, Methods, and Tools in Urban E–Planning. Hershey: IGI Global, 2018: 33–59.

[68] TEDESCO J C. Issue and strategy agenda setting in the 2004 presidential election: Exploring the candidate—journalist relationship [J] . Journalism Studies, 2005, 6 (2): 187–201.

[69] TONGJING W, MEIJERS E, WANG H. The multiplex relations between cities: A lexicon–based approach to detect urban systems [J] . Regional Studies, 2023, 57 (8): 1592–1604.

[70] TÖRNBERG P, UITERMARK J. Urban mediatization and planetary gentrification: The rise and fall of a favela across media platforms [J] . City & Community, 2022, 21 (4): 340–361.

[71] TÖRNBERG P. Platform placemaking and the digital urban culture of Airbnbification [J] . Urban Transformations, 2022, 4 (1): 1–26.

[72] VAN DIJCK J, POELL T. Understanding social media logic [J] . Media and Communication, 2013, 1 (1): 2–14.

[73] VANOLO A. City branding: The ghostly politics of representation in globalizing cities [M]. London: Routledge, 2017.

[74] WALL R S, VAN DER KNAAP G A. Sectoral differentiation and network structure within contemporary worldwide corporate networks [J]. Economic geography, 2011, 87 (3): 267–308.

[75] WEI Y, WANG J, ZHANG S, et al. Urban positionality in the regional urban network: Through the lens of alter-based centrality and national-local perspectives [J]. Habitat International, 2022, 126: 102617.

[76] WU J L, KIM B S. Soft power of Seoul City: The perceived image of Seoul by Chinese visitors [J]. Global Business & Finance Review (GBFR), 2017, 22 (3): 19–31.

[77] WU Y, WONG J, DENG Y, et al., An exploration of social media in public opinion convergence: Elaboration likelihood and semantic networks on political events [C] //2011 IEEE Ninth International Conference on Dependable, Autonomic and Secure Computing. IEEE, 2011: 903–910.

[78] XIANG D. China's image on international English language social media [J]. Journal of International Communication, 2013, 19 (2): 252–271.

[79] XUE K, CHEN X, YU M. Can the World Expo change a city's image through foreign media reports? [J]. Public Relations Review, 2012, 38 (5): 746–754.

[80] YUAN X, CROOKS A, ZUFLE A. A thematic similarity network approach for analysis of places using volunteered geographic information [J]. ISPRS International Journal of GeoInformation, 2020, 9 (6): 385.

[81] ZASINA J. The Instagram image of the city: Insights from Lodz, Poland [J]. Bulletin of Geography. Socio-economic Series, 2018 (42): 213–225.

[82] 爱德华·W. 萨义德. 东方学. [M]. 王宇根，译. 北京：生活·读书·新知三联书店，2011.

[83] 毕硕本，黄铜，赵爱，等. 基于社会网络分析法对信息流空间传播特征的研究 [J]. 计算机科学，2018，45 (12)：279–287.

[84] 参考智库. 中国城市海外影响力分析报告 (2020) [R/OL] [2022-07-03]. http://www.can-kaoxiaoxi.com/zhiku/2020/1109/2424339.shtml.

［85］曹博林．社交媒体：概念、发展历程、特征与未来——兼谈当下对社交媒体认识的模糊之处［J］．湖南广播电视大学学报，2011（3）：65-69.
［86］陈昌凤．同质化的信息消费：2013 年我们在关注什么——中国四地 2013 年谷歌搜索热点数据分析［J］．新闻与写作，2014（2）：50-52.
［87］陈联俊．论网络空间中国家形象的传播与塑造［J］．学术论坛，2018，41（1）：175-180.
［88］陈文泰，李卫东．国际社交网络中“国家实在”传播与国家形象演化机制研究［J］．新闻大学，2018（6）：128-136，152-153.
［89］陈映．城市形象的媒体建构——概念分析与理论框架［J］．新闻界，2009（5）：103-104，118.
［90］陈云松，吴青熹，张翼．近三百年中国城市的国际知名度 基于大数据的描述与回归［J］．社会，2015，35（5）：60-77.
［91］程宝乐．中国城市形象国际化表达的视角分析——评《德国媒体中的中国国家形象建构》［J］．新闻爱好者，2022（10）：118.
［92］程曼丽，王维佳．对外传播及其效果研究［M］．北京：北京大学出版社，2011.
［93］程曼丽，赵晓航．数据时代的国家品牌传播［J］．南京社会科学，2018（1）：105-110.
［94］仇保兴．紧凑度与多样性（2.0 版）——中国城市可持续发展的两大核心要素［J］．城市发展研究，2012，19（11）：1-12.
［95］戴光全，谭健萍．基于报纸媒体内容分析和信息熵的广交会综合影响力时空分布［J］．地理学报，2012，67（8）：1109-1124.
［96］单波．跨文化传播的基本理论命题［J］．华中师范大学学报（人文社会科学版），2011，50（1）：103-113.
［97］翟秀凤．创意劳动抑或算法规训？——探析智能化传播对网络内容生产者的影响［J］．新闻记者，2019（10）：4-11.
［98］董军．国家形象研究的学术谱系与中国路径［J］．新闻与传播评论，2018，71（6）：105-120.
［99］董琇．美国媒体笔下的江南城市形象研究——以上海、苏州为例［J］．同济大学学报（社会科学版），2019，30（4）：103-114.

[100] 费雯俪，童兵．“海派时尚文化”的媒介镜像：上海城市形象对外传播的优化策略[J]．现代传播（中国传媒大学学报），2021，43（9）：28–33.
[101] 龚为纲，朱萌，张赛，等．媒介霸权、文化圈群与东方主义话语的全球传播——以舆情大数据 GDELT 中的涉华舆情为例[J]．社会学研究，2019，34（5）：138–164+245.
[102] 郭可，陈悦，杜妍．全球城市形象传播的生成机制及理论阐释——以上海城市形象为例[J]．新闻大学，2018（6）：1–8，146.
[103] 郭小平，潘陈青．智能传播的“新社会能见度”控制：要素、机制及其风险[J]．现代传播（中国传媒大学学报），2021，43（9）：1–6.
[104] 郭旭东．城市传播研究的起源：理论回溯、发展历程与概念界定[J]．新闻界，2022（11）：16–25.
[105] 何敏华，张端明，王海艳，等．基于无标度网络拓扑结构变化的舆论演化模型[J]，物理学报，2010，59（8）：5175–5181.
[106] 侯鑫．基于文化生态学的城市空间理论——以天津、青岛、大连研究为例[M]，南京：东南大学出版社，2006.
[107] 胡海，魏海平．权力的莫比乌斯游戏：网络社会媒介场域中的流动性之争[J]．现代传播（中国传媒大学学报），2022，44（1）：153–159.
[108] 胡翼青，张婧妍．作为媒介的城市：城市传播研究的第三种范式——基于物质性的视角[J]．福建师范大学学报（哲学社会科学版），2021(6)：144–157，172.
[109] 黄旦．“千手观音”：数字革命与中国场景[J]．探索与争鸣，2016（11）：20–27.
[110] 黄典林，张毓强．国际传播的地方实践：现状、趋势与创新路径[J]．对外传播，2021（9）：67–71.
[111] 贾若男，王晰巍，于雪，等．突发公共事件网络舆情时空演化分析模型及算法研究[J]．现代情报，2023，43（2）：137–145.
[112] 简・雅各布斯．美国大城市的死与生[M]．金衡山，译．南京：译林出版社，2005.
[113] 孔祥军．传媒全球化与中国新闻传播学发展[J]．新闻与写作，2007（12）：61.
[114] 寇静，朱晓青．世界城市的特性、主导产业及对北京的启示[J]．新视野，2012(1)：36– 39.
[115] 匡文波．数字平台如何影响中国对外传播：后疫情时代中国网络媒体全球传播的机

遇与挑战［J. 西北师大学报（社会科学版），2021，58（5）：5–14.
［116］冷炳荣，杨永春，谭一洺．城市网络研究：由等级到网络［J］．国际城市规划，2014，29（1）：1–7.
［117］李金铨．国际传播的国际化——反思以后的新起点［J］．开放时代，2015（1）：9，211–223.
［118］李蕾蕾．旅游目的地形象的空间认知过程与规律［J］．地理科学，2000（6）：563–568.
［119］李鲤．赋权·赋能·赋意：平台化社会时代国际传播的三重进路［J］．现代传播（中国传媒大学学报），2021，43（10）：60–64.
［120］李芝倩，樊士德．长三角城市群网络结构研究——基于社会网络分析方法［J］．华东经济管理，2021，35（6）：31–41.
［121］李智．全球传播学引论［M］．北京：新华出版社，2010.
［122］刘继南，周积华，段鹏．国际传播与国家形象——国际关系的新视角［M］．北京：北京广播学院出版社，2002.
［123］刘金波．超大城市国际传播能力建设研究［J］．新闻与传播评论，2022，75（6）：74–85.
［124］刘晶．中国新一线城市的全球媒介形象研究——基于 NOW 语料库的涉杭报道实证分析（2010–2017）［J］．青年记者，2020（12）：44–45.
［125］刘军．社会网络分析导论［M］．北京：社会科学文献出版社，2004.
［126］刘军．整体网分析［M］．2 版．上海：上海人民出版社，2014.
［127］刘曦，沈月．UGC 视频中的城市国际形象建构［J］．青年记者，2020（6）：42–43.
［128］路鹃，付砾乐．“网红城市”的短视频叙事：第三空间在形象再造中的可见性悖论［J］．新闻与写作，2021（8）：59–67.
［129］栾轶玫．社交媒体：国际传播新战场［J］．中国传媒科技，2012（11）：19–21.
［130］马诗远，郑承军．新信息环境下海外社交媒体中的北京形象研究［J］．现代传播（中国传媒大学学报），2021，43（7）：150–157.
［131］马缘园．国际社交媒体平台城市形象传播策略——以推特号 @DiscoverNanjing 为例［J］．青年记者，2021（8）：54–55.
［132］麦库姆斯．议程设置［M］．2 版．郭镇之，译．北京：北京大学出版社，2018.

［133］曼纽尔·卡斯特.传播力［M］.汤景泰，星辰，译.北京：社科文献出版社，2018.
［134］曼纽尔·卡斯特.网络社会的崛起［M］.夏铸九，王志弘等，译.北京：社会科学文献出版社，2001.
［135］孟华.比较文学形象学［M］.北京：北京大学出版社，2001.
［136］萨义德.东方学［M］.王宇根，译.北京：生活·读书·新知三联书店，2019.
［137］邵云.国际社交媒体中的城市形象传播效果研究——基于北京市政府在Facebook平台官方账号的实例分析［J］.新闻与写作，2020（11）：89–96.
［138］沈清基，徐溯源.城市多样性与紧凑性：状态表征及关系辨析［J］.城市规划，2009，33（10）：25–34，59.
［139］沈文成，李培庆，姚雯雯，等.多重流空间视角下的中国城市网络空间结构特征及组织模式［J］.地理研究，2023，42（2）：514–533.
［140］石大东.省会城市媒体在国际传播中的战略定位和叙事策略——以郑州报业集团为例［J］.传媒，2022，389（24）：34–36.
［141］史安斌，童桐.从国际传播到战略传播：新时代的语境适配与路径转型［J］.新闻与写作，2021（10）：14–22.
［142］斯科特·麦奎尔.媒体城市：媒体、建筑与都市空间［M］.邵文实，译.南京：江苏教育出版社，2013.
［143］宋凯.北京文化形象的媒体呈现——基于大数据和社会网络分析方法［J］.现代传播（中国传媒大学学报），2020，42（10）：18–24.
［144］孙玮.城市传播的研究进路及理论创新［J］.现代传播（中国传媒大学学报），2018，40（12）：29–40.
［145］孙英春.跨文化传播学导论［M］.北京：北京大学出版社，2008.
［146］孙中伟.流动空间的形成机理、基本流态关系及网络属性［J］.地理与地理信息科学，2013，29（5）：107–111.
［147］汤景泰，星辰，高敬文.论“一带一路”国际话语权的提升——基于首届“一带一路”国际合作高峰论坛Twitter传播数据的分析［J］.新闻大学，2018（5）：56–65，148–149.
［148］唐磊.深圳国际城市形象：域外“专家意见”与“大众感知”［J］.深圳大学学报（人文社会科学版），2020，37（2）：41–49.

[149] 唐荣堂，童兵．“传播即权力”：网络社会语境下的“传播力”理论批判［J］．南京社会科学，2018（11）：109-114，143.

[150] 田丽，胡璇．社会化媒体概念的起源与发展［J］．新闻与写作，2013（9）：27-29.

[151] 王姣娥，景悦．中国城市网络等级结构特征及组织模式——基于铁路和航空流的比较［J］．地理学报，2017，72（8）：1508-1519.

[152] 王晓光，郭淑娟．社会性媒体初论［EB/OL］．（2008-12-17）［2025-01-05］http://news.163.com/08/1217/14/4TCEO1DH000131UN.html.

[153] 王啸．国际话语权与中国国际形象的塑造［J］．国际关系学院学报，2010（6）：58-65.

[154] 韦路，胡雨濛．中国微博空间的议题呈现：新浪热门微博实证研究［J］，浙江大学学报（人文社会科学版），2014，44（2）：41-52.

[155] 吴炜华．特朗普政府“污名政治学”的智识逻辑与策略演进［J］．当代世界，2020（11）：51-56.

[156] 吴瑛，李莉，宋韵雅．多种声音 一个世界：中国与国际媒体互引的社会网络分析［J］．新闻与传播研究，2015，22（9）：5-21，126.

[157] 武永亮，赵书良，李长镜，等．基于TF-IDF和余弦相似度的文本分类方法［J］．中文信息学报，2017，31（5）：138-145.

[158] 相德宝．国际自媒体涉华舆论传者特征及影响力研究——以Twitter为例［J］．新闻与传播研究，2015，22（1）：58-69，127.

[159] 相德宝．国际自媒体涉华舆情现状、传播特征及引导策略［J］．新闻与传播研究，2012，19（1）：73-83，110-111.

[160] 谢海涛，肖倩．面向语义缺失场景的社交媒体中热门新闻识别方法研究［J］．现代情报，2019，39（9）：28-40.

[161] 徐刚，王德，晏龙旭．国外世界城市网络实证研究进展、挑战与展望［J］．国际城市规划，2024，39（5）：52-60.

[162] 徐翔，王雨晨．社会回音室：网络传播中的信息趋同及其媒介逻辑——基于“今日头条”样本的计算传播学分析［J］．国际新闻界，2021，43（7）：99-124.

[163] 徐翔．“西方中心”与“中介突围”：中国文化在社交媒体国际传播中的区域张力与结构［J］．福建师范大学学报（哲学社会科学版），2018，213（6）：107-119，

171–172.
［164］徐翔 . 城市帝国主义及其文化逻辑［J］. 思想战线，2012，38（4）：116–120.
［165］徐翔 . 公共信息茧房：社交媒体信息内容收敛现象与效应——基于新浪微博的文本挖掘［J］. 情报杂志，2023，42（1）：113–123.
［166］徐翔 . 网络文本内容挖掘视角下的中国文化形象呈现特征及差异［J］. 北京邮电大学学报（社会科学版），2015，17（4）：1–9.
［167］杨凯，陈滢钧 . 海外社交平台的广州城市形象呈现——基于推特十年涉穗话语语料库分析［J］. 国际传播，2020（3）：76–85.
［168］杨飘，董文永 . 基于 BERT 嵌入的中文命名实体识别方法［J］. 计算机工程，2020（46）：40–45，52.
［169］杨旭明 . 城市形象研究：路径、理论及其动向［J］. 西南民族大学学报（人文社会科学版），2013，34（3）：159–163.
［170］易艳刚 . 同类新闻为什么喜欢扎堆［J］. 青年记者，2015，500（24）：4.
［171］余艳波，张瑜烨 ."长江中游城市群"新闻舆论传播力探究［J］. 中国广播电视学刊，2016（10）：110–113.
［172］张春波 .YouTube 个人发布视频对中国形象的编码与解码［J］. 首都师范大学学报（社会科学版），2014，218（3）：70–77.
［173］张春波 . 形塑中国：YouTube 视频对中国形象的表征［J］. 现代传播（中国传媒大学学报），2013，35（9）：53–57.
［174］张倁琫，陈卓 . 区域性国际传播建设的现实图景与未来展望［J］. 传媒，2022，378（13）：64–66，68.
［175］张瑜烨，叶哲佑 . 从"失语"的都市层级到"被赋权"的议程框架——基于我国 31 个省市自治区推特数据的城市对外传播效果分析［J］. 湖北大学学报（哲学社会科学版），2022，49（1）：162–170，181.
［176］张振亚，王进，程红梅，等 . 基于余弦相似度的文本空间索引方法研究［J］. 计算机科学，2005（9）：160–163.
［177］赵爱，毕硕本，王军，等 . 基于网络舆情的信息空间网络结构及特征研究［J］. 中国科技论坛，2017，259（11）：149–157.
［178］赵渺希 . 全球化语境中城市重大事件的区域关联响应——基于北京奥运会新闻信息

流的实证研究［J］. 世界地理研究，2011，20（1）：117–119，121–128.
［179］钟怡 . 城市群核心城市形象“他塑”研究［J］. 青年记者，2022（20）：63–65.
［180］钟智锦，王友 . 网民意见表达中的城市形象感知：以广州为例［J］. 新闻与传播评论，2020，73（1）：95–106.
［181］周宁 . 跨文化形象学的观念与方法——以西方的中国形象研究为例［J］. 东南学术，2011（5）：4–20.
［182］周翔，吴倩 . 场域视角下“一带一路”推特传播网络结构分析与反思［J］. 中国地质大学学报（社会科学版），2019，19（2）：109–125.

附录

附录 A　三十城市内容“热趋同”类别特征

	上海	成都	深圳	杭州	克拉玛依	哈尔滨	苏州	厦门	乌鲁木齐	昆明
政治类	√	√	√		√	√		√		√
体育、娱乐活动、音乐演出与节日类	√	√	√	√	√	√	√	√		√
新冠疫情类	√	√	√			√			√	
新闻与社会类	√	√	√						√	
人物与名人类	√	√	√				√			√
城市资源与风景类					√	√			√	
个人心情类	√		√	√			√			√
军事、武器与航空飞行类	√	√				√				
城市一般基础设施类	√			√				√		
城市发展与特定城市类					√					
城市文化、历史和艺术类				√				√	√	

续表

	上海	成都	深圳	杭州	克拉玛依	哈尔滨	苏州	厦门	乌鲁木齐	昆明
经济、金融、商业与就业类	√	√			√		√	√		
美与时尚类				√				√		
照片与影视类	√									
科技制造与创新类	√									
城市旅游基础设施与休闲娱乐类										
网络安全类										
国际交流、合作与会议类										
学校与教育类										

	三亚	张家界	天津	西安	黄山	大连	海口	长沙	济南	南昌
政治类	√		√	√		√	√	√		√
体育、娱乐活动、音乐演出与节日类						√	√		√	
新冠类			√	√	√	√		√		√
新闻与社会类				√		√	√		√	
人物与名人类	√		√	√		√				
城市资源与风景类	√	√			√				√	√
个人心情类	√			√	√		√	√		
军事、武器与航空飞行类	√	√	√	√	√					

续表

	三亚	张家界	天津	西安	黄山	大连	海口	长沙	济南	南昌
城市一般基础设施类		√	√			√			√	
城市发展与特定城市类	√	√	√	√			√			
城市文化、历史和艺术类			√	√						
经济、金融、商业与就业类										√
美与时尚类										
照片与影视类	√									
科技制造与创新类			√							
城市旅游基础设施与休闲娱乐类										
网络安全类										
国际交流、合作与会议类										
学校与教育类										

	桂林	沈阳	珠海	石家庄	郑州	长春	南通	盘锦	榆林	包头
政治类	√	√							√	
体育、娱乐活动、音乐演出与节日类					√	√		√		√
新冠类		√	√		√				√	
新闻与社会类	√	√	√			√		√	√	

续表

	桂林	沈阳	珠海	石家庄	郑州	长春	南通	盘锦	榆林	包头
人物与名人类	√			√		√	√			
城市资源与风景类		√								√
个人心情类										
军事、武器与航空飞行类	√		√							
城市一般基础设施类				√	√					
城市发展与特定城市类			√			√				√
城市文化、历史和艺术类	√				√					√
经济、金融、商业与就业类		√								
美与时尚类		√				√				
照片与影视类					√		√			
科技制造与创新类							√			
城市旅游基础设施与休闲娱乐类				√						
网络安全类										
国际交流、合作与会议类										
学校与教育类										

附录 B　三十城市帖文类别分布比例

	上海	成都	深圳	杭州	克拉玛依	哈尔滨	苏州	厦门	乌鲁木齐	昆明
城市发展与特定城市类	8.86%	3.09%	5.14%	20.05%	97.26%	26.12%	10.04%	2.86%	28.01%	2.21%
城市旅游基础设施与休闲娱乐类	5.87%	7.70%	4.18%	5.99%	0.07%	3.22%	10.58%	6.97%	2.85%	8.45%
城市文化、历史和艺术类	6.71%	11.25%	7.18%	9.57%	0.85%	8.35%	16.24%	8.14%	2.94%	12.01%
城市一般基础设施类	5.95%	10.34%	5.53%	5.85%	0.08%	3.02%	2.77%	13.94%	10.25%	14.90%
城市资源与风景类	4.80%	11.08%	3.77%	6.06%	0.25%	23.49%	6.75%	7.06%	4.91%	10.34%
个人心情类	3.89%	4.80%	3.50%	3.72%	0.03%	2.69%	3.56%	4.15%	1.01%	3.54%
国际交流、合作与会议类	2.22%	2.71%	2.70%	4.88%	0.09%	0.92%	2.65%	3.94%	0.40%	4.40%
经济、金融、商业与就业类	25.22%	8.31%	22.08%	10.72%	0.14%	3.90%	14.04%	10.75%	2.72%	5.48%
军事、武器与航空飞行类	0.51%	2.93%	1.12%	0.26%	0.04%	1.05%	0.21%	1.09%	1.12%	2.42%
科技制造与创新类	4.49%	3.49%	12.06%	5.07%	0.16%	1.71%	8.11%	7.05%	1.29%	1.13%
美与时尚类	1.46%	1.45%	1.16%	1.13%	0.11%	1.44%	1.24%	1.30%	0.79%	0.94%
人物与名人类	2.55%	2.30%	2.07%	2.20%	0.07%	1.95%	1.46%	1.98%	2.38%	2.05%
体育、娱乐活动、音乐演出与节日类	10.83%	11.58%	10.35%	7.55%	0.17%	6.19%	8.08%	10.15%	1.86%	7.95%

续表

	上海	成都	深圳	杭州	克拉玛依	哈尔滨	苏州	厦门	乌鲁木齐	昆明
网络安全类	0.01%	0.26%	0.02%	0.66%	0.00%	0.55%	0.01%	0.04%	1.65%	0.00%
新冠疫情类	0.86%	0.93%	1.89%	0.91%	0.01%	2.16%	1.25%	1.31%	1.74%	1.44%
新闻与社会类	5.33%	8.84%	7.18%	5.18%	0.14%	5.53%	3.39%	8.20%	1.93%	10.93%
学校与教育类	1.79%	2.52%	2.20%	2.70%	0.11%	1.91%	4.15%	4.54%	0.66%	2.87%
照片与影视类	4.06%	3.75%	3.51%	5.10%	0.19%	3.01%	3.59%	3.55%	1.12%	3.47%
政治类	4.58%	2.67%	4.37%	2.39%	0.23%	2.79%	1.87%	3.00%	32.37%	5.46%

	三亚	张家界	天津	西安	黄山	大连	海口	长沙	济南	南昌
城市发展与特定城市类	1.62%	0.78%	5.04%	8.55%	1.99%	3.55%	2.61%	6.83%	3.04%	2.92%
城市旅游基础设施与休闲娱乐类	13.18%	9.11%	3.73%	14.49%	10.42%	4.22%	10.81%	6.61%	2.97%	4.58%
城市文化、历史和艺术类	8.36%	6.20%	8.72%	15.23%	10.94%	7.17%	8.08%	10.62%	7.48%	8.36%
城市一般基础设施类	4.46%	1.56%	6.59%	6.96%	1.82%	6.66%	12.82%	9.33%	16.74%	6.02%
城市资源与风景类	17.88%	62.04%	5.63%	8.91%	52.78%	7.44%	11.34%	6.08%	9.33%	8.71%
个人心情类	5.17%	1.09%	2.94%	4.20%	1.19%	3.48%	4.20%	6.26%	2.47%	4.10%
国际交流、合作与会议类	2.16%	0.46%	2.19%	1.38%	0.38%	2.97%	3.25%	2.10%	1.96%	2.97%
经济、金融、商业与就业类	4.15%	0.33%	14.13%	6.06%	0.77%	21.88%	11.31%	8.83%	8.02%	7.78%
军事、武器与航空飞行类	1.14%	0.72%	1.47%	1.58%	0.40%	1.62%	1.31%	0.72%	0.22%	7.46%

续表

	三亚	张家界	天津	西安	黄山	大连	海口	长沙	济南	南昌
科技制造与创新类	1.74%	0.58%	6.53%	1.96%	0.70%	5.95%	2.10%	3.98%	8.52%	3.60%
美与时尚类	16.67%	0.36%	1.18%	1.46%	0.24%	1.23%	2.10%	1.82%	1.04%	1.20%
人物与名人类	1.31%	0.45%	3.38%	2.89%	0.69%	4.01%	2.57%	3.89%	2.86%	2.26%
体育、娱乐活动、音乐演出与节日类	11.01%	1.28%	13.72%	4.62%	1.76%	11.58%	9.80%	11.97%	8.93%	10.72%
网络安全类	0.01%	0.00%	0.03%	0.00%	0.01%	0.01%	1.09%	0.22%	7.45%	0.13%
新冠疫情类	1.26%	0.06%	1.60%	0.46%	0.69%	1.58%	0.81%	1.48%	1.05%	2.04%
新闻与社会类	3.56%	9.29%	13.60%	12.40%	9.72%	7.33%	9.50%	9.93%	10.41%	16.83%
学校与教育类	0.58%	0.12%	3.03%	1.48%	0.53%	3.33%	1.31%	2.58%	3.61%	4.35%
照片与影视类	3.84%	5.12%	2.59%	4.60%	4.25%	2.84%	2.74%	3.97%	2.37%	3.58%
政治类	1.88%	0.45%	3.90%	2.76%	0.74%	3.16%	2.26%	2.77%	1.54%	2.38%

	桂林	沈阳	珠海	石家庄	郑州	长春	南通	盘锦	榆林	包头
城市发展与特定城市类	3.31%	5.32%	3.00%	2.87%	3.68%	2.68%	2.89%	0.59%	4.31%	1.83%
城市旅游基础设施与休闲娱乐类	21.65%	5.29%	6.93%	2.36%	4.78%	3.23%	3.05%	1.97%	3.01%	3.55%
城市文化、历史和艺术类	16.00%	9.61%	6.98%	7.56%	7.11%	5.96%	7.61%	4.56%	20.96%	3.70%
城市一般基础设施类	4.20%	8.74%	7.16%	3.20%	14.01%	3.74%	5.94%	0.55%	2.41%	6.10%
城市资源与风景类	25.41%	7.06%	9.92%	5.92%	5.48%	9.38%	13.34%	80.82%	7.52%	10.90%
个人心情类	2.63%	4.24%	3.63%	2.78%	3.81%	4.92%	2.24%	0.41%	1.71%	3.55%

续表

	桂林	沈阳	珠海	石家庄	郑州	长春	南通	盘锦	榆林	包头
国际交流、合作与会议类	0.99%	1.37%	2.46%	0.81%	2.83%	1.30%	0.94%	0.14%	0.10%	0.37%
经济、金融、商业与就业类	1.49%	12.49%	9.08%	9.96%	17.46%	11.96%	17.31%	3.28%	5.22%	15.75%
军事、武器与航空飞行类	0.63%	3.82%	5.82%	0.36%	0.70%	0.59%	0.29%	0.00%	0.90%	0.52%
科技制造与创新类	0.97%	4.69%	6.33%	8.04%	8.16%	2.66%	11.78%	1.38%	4.91%	10.90%
美与时尚类	0.96%	1.34%	0.93%	0.66%	0.85%	1.18%	0.86%	0.10%	3.11%	0.52%
人物与名人类	1.37%	2.77%	1.93%	3.84%	1.69%	4.19%	2.11%	0.41%	1.30%	1.36%
体育、娱乐活动、音乐演出与节日类	1.91%	7.43%	15.25%	26.10%	9.23%	19.87%	15.12%	1.38%	3.61%	5.63%
网络安全类	0.00%	0.11%	0.06%	0.00%	0.11%	0.02%	0.05%	0.00%	0.00%	0.00%
新冠疫情类	0.56%	1.71%	1.70%	1.01%	1.75%	1.79%	0.89%	0.03%	4.71%	0.89%
新闻与社会类	9.51%	12.58%	6.85%	14.63%	8.75%	16.13%	7.19%	2.63%	20.76%	18.00%
学校与教育类	1.60%	3.67%	2.84%	2.44%	4.10%	3.42%	4.14%	0.24%	0.90%	3.50%
照片与影视类	5.58%	3.67%	5.02%	5.50%	2.94%	3.70%	2.68%	1.00%	4.91%	4.07%
政治类	1.23%	4.08%	4.12%	1.97%	2.57%	3.30%	1.56%	0.48%	9.63%	8.87%

后记

本书的研究得到上海市社科规划中青班专项课题“中国城市国际社交媒体传播效果优化研究”(2014FXW001)的资助。该课题立项以来，成为我持续关注中国城市传播的重要动力之一，对此，我逐步结合媒体计算展开了一系列研究。围绕该项目形成了若干前期成果，尤其是中国文化的对外社交媒体传播，部分成果发表在《现代传播》等刊物，谢谢刊物和审稿专家的肯定及编辑、修改。

本书在预写作过程中，最先关注了城市传播中的趋同问题，结合作者在《国际新闻界》所刊发的《社会回音室：网络传播中的信息趋同及其媒介逻辑——基于“今日头条”样本的计算传播学分析》等的研究及观点，展开了对城市领域的扩展延伸。围绕中国城市国际传播中的“趋同的声音”问题，最开始尝试分析了《国际社交媒体中国城市传播内容趋同及其媒介逻辑——基于BERT模型的Twitter样本分析》，在学术会议上报告并发表。其后，进一步把城市传播趋同分析扩展到“领袖城市”的理论概念的提出及实证分析，同样在有关学术会议上报告并听取了专家们的意见，后刊发于《新闻与传播评论》。感谢学界、业界的宝贵意见和刊物的认可、刊发。

感谢余珺君为本书的投入和付出。结合本项目的研究方向，我指导的若干位研究生在数年跨度中不同程度地参与到数据抓取、定量计算和理论探讨，形成了部分前期成果或周边相关成果，给本书的研究、写作提供了有益的准备，其中先后包括李莎、宋薇、靳菁等。这些合作者或不同程度的参与者虽然都已陆续毕业，如今从事着不同的工作，但从事研究中的认真、严谨值得铭记。

谢谢同济大学艺术与传媒学院提供的研究环境。学院把“城市传播”作为主要的战略方向之一，为本项目团队的计算传播提供了长期支持，这是本书、本项目完成的有利条件。

谢谢同济大学出版社以及本书的责编丁国生老师对该书出版的大力支持。丁国生老师一直在推动本书以及有关的编辑、组织工作，对该书的进一步深化方向、组织形式提供了宝贵建议。书中做出的大量修改，都有出版社和丁国生老师的心血。

徐翔

2024 年 9 月 29 日